Tu yo
de la
5D

Título original: Mastering Your 5D Self. Tools to Create a New Reality
Traducido del inglés por Teresa Gómez Herrera
Diseño de portada: Editorial Sirio, S.A.
Maquetación: Toñi F. Castellón

© de la edición original
2022 de Maureen J. St. Germain

Esta edición se publica por acuerdo con Inner Traditions International Ltd.
a través de International Editors' Co.

© de la presente edición
EDITORIAL SIRIO, S.A.
C/ Rosa de los Vientos, 64
Pol. Ind. El Viso
29006-Málaga
España

www.editorialsirio.com
sirio@editorialsirio.com

I.S.B.N.: 978-84-19105-77-6
Depósito Legal: MA-532-2023

Impreso en Imagraf Impresores, S. A.
c/ Nabucco, 14 D - Pol. Alameda
29006 - Málaga

Impreso en España

Puedes seguirnos en Facebook, Twitter, YouTube e Instagram.

El papel utilizado para la impresión de este libro está **libre de cloro** elemental
(ECF) y su procedencia está certificada por una entidad independiente, no
gubernamental, que promueve la sostenibilidad de los bosques.

Maureen J. St. Germain

autora de *Despertar en la 5D* y *Abrir los registros akáshicos*

Tu yo *de la* 5D

Herramientas para alcanzar la maestría
y crear una nueva realidad.

EDITORIAL
SIRIO

La dedicatoria es para ti, querido lector y experimentador... *

Este libro no es una píldora mágica. Debes participar en tu propio aprendizaje. Déjame guiarte compartiendo lo que he aprendido y permite que el universo te enseñe como a mí me ha enseñado. El objetivo de este libro es ayudarte a adquirir el conocimiento que buscas a medida que pasas de formas de aprender y conocer a formas de ser.

Permite que otras personas y yo te acompañemos, pero no dejes que te impongamos nada. Adopta estas prácticas porque te resuenan y porque nos han funcionado a mis alumnos y a mí.

Reivindica tu victoria. La llama divina te ha programado para el autodescubrimiento. Aunque muchas generaciones anteriores a nosotros hayan sido esclavas de sistemas, gobiernos, prejuicios, iglesias y culturas, ya no somos esclavos.

¡Creed y sabed que sois libres!

---

* N. de la T.: Por razones prácticas, se ha utilizado el género masculino en la traducción del libro. La prioridad al traducir ha sido que la lectora y el lector reciban toda la información de la manera más clara y directa posible.

Índice

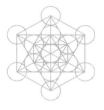

Prólogo
El Corazón Magnánimo y la Dimensión Magnánima

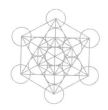

E ste libro trata sobre el proceso continuado de despertar en la 5D y de conectar los puntos de manera que te ayude a evolucionar incluso más de lo que nunca pensaste que sería posible. Si has leído *Despertar en la 5D*, la mayoría del material de la primera parte de este libro te resultará familiar. He querido ofrecer una mínima explicación a los que no han leído el libro anterior y, al mismo tiempo, no aburrir con todo aquello que ya puede resultar conocido. Este libro se podría considerar como una continuación de *Despertar en la 5D* y, aunque resulta valioso por sí solo, te animo a revisar esa otra obra si aún no has tenido la ocasión de leerla.

El siguiente mensaje canalizado procede de Sanat Kumara y del Gran Consejo Kármico, qué es el supervisor de la evolución de este planeta. Sanat Kumara es el gran gurú, salvador de la Tierra. Es conocido en muchas de las religiones principales con diversos nombres: el Anciano de los Días, Skanda/Kartikkeya, Brahma-Sanam Kumara y, para los musulmanes sufíes, el Hombre Verde. Vino a la Tierra desde Venus con 144.000 voluntarios para ayudar a «dar un vuelco» a una humanidad descarriada.

El mensaje canalizado que me llegó un día mientras meditaba indicaba cómo los humanos podríamos conectar con una perspectiva más amplia que incorpora los puntos de vista de los demás, además de los propios. Cuando se nombra la Dimensión Magnánima para invocarla, te expande a una perspectiva de quinta dimensión que te permite ver ambos lados de la ecuación. Parte de nuestro «trabajo» como incipientes «maestros ascendidos» (sí, todos nos convertiremos en maestros ascendidos) es encontrar maneras de encarnar los principios del amor incondicional. Estos principios se magnifican a través de la invocación de la Dimensión Magnánima.

Muchos de vosotros habréis escuchado la frase «el resultado más benévolo», popularizada por un autor muy apreciado por los lectores, Tom T. Moore. Ha escrito varios libros sobre este tema, al que se refiere como «el camino amable». Muchas personas lo han adoptado debidamente y con éxito. Ahora, dispones del resultado de las dimensiones combinadas y puedes pedir el *resultado más magnánimo*. Esta «Dimensión Magnánima» podría compararse con ese trabajo, solo que va mucho más allá de un solo acontecimiento o petición, ya que facilita el hecho de ser magnánimo sin esfuerzo. Quiero que sepas que todos los maestros y guías solo te muestran el camino hacia tu propia maestría. Dan a los humanos un «empujón» hacia lo que es probable que lleguen a saber o hacer.

Entonces, ¿qué es exactamente la 5D? ¿Cómo podemos llegar allí y qué podemos saber al respecto? En el libro *Despertar en la 5D* revelé que la forma más fácil de empezar a comprender la 5D es pensar en el concepto *cielo* de las iglesias tradicionales. Comienza por ahí. Después, piensa en algunas de las películas de ciencia ficción en las que alguien logra cambiar su vibración y aparece en un mundo totalmente nuevo que le resulta familiar, pero que es significativamente diferente. La buena noticia es que muchos humanos ya están vibrando en quinta dimensión. Y sí, es una transformación vibratoria, no física. Aunque los humanos no la reconozcan como la quinta dimensión, ciertamente a menudo eligen esta frecuencia.

También podrías pensar en las dimensiones como muñecas rusas, unas dentro de otras. Curiosamente, cuando estás en la quinta dimensión, puedes participar en la tercera y «ascender» a los que te rodean. Puedes «jugar» en la tercera dimensión desde la 5D pero, de nuevo, mantener tu vibración de quinta implica la ausencia de polaridad, de juicio y de preferencias. Puedes sentir más inclinación hacia una cosa que hacia otra, pero incluso eso queda mitigado por la onda «libre de prejuicios» de la quinta dimensión. Desde esta nueva posición privilegiada (cuarta o quinta dimensión), puedes experimentar las dimensiones inferiores con gracia, compasión e interés desapasionado.

En *Despertar en la 5D* profundizo sobre las dimensiones para explicar su función y su finalidad general. Mi libro *Abrir los registros akáshicos* nos recuerda que se puede acceder a las dimensiones superiores a través de ciertos procesos y que, realmente, puedes ser multidimensional cuando canalizas los registros akáshicos desde la undécima dimensión. Recuerda, la 5D es una zona de amor incondicional donde no existe la polaridad. También es una manera de ser tan poderosa que sus emanaciones lo transforman todo a su alrededor en amor incondicional.

Uno de los grandes maestros que vigilan la Tierra y a la humanidad es el Gran Director Divino. Su energía baña constantemente la Tierra para ayudar a las personas a «recordar» su propósito y a alinearse con la voluntad de la Fuente (o Dios). Ya que la humanidad tiene libre albedrío, no siempre resulta fácil tomar la decisión mejor y más elevada. Pedir la ayuda de este alto iniciado aumentará la probabilidad de éxito con el menor esfuerzo. Cuando no sabes qué hacer en una situación concreta y todas las opciones parecen buenas, pedir al Gran Director Divino que cuide de ti al tomar la decisión garantizará el éxito.

Como mencioné anteriormente, Sanat Kumara es el gran maestro que vino a la Tierra para ayudar a la humanidad. La «inhumanidad» de las personas con sus semejantes era tan grande que el Gran Consejo Kármico consideró que sería mejor permitir a la Tierra «autodestruirse» en lugar de intentar que se volviera a alinear con la Divinidad. Sanat Kumara se ofreció voluntario y convocó a otros voluntarios entre sus seguidores para que lo ayudaran. Se les encomendó la tarea de conservar la luz en el planeta para generar un impacto positivo en la situación. Tuvieron éxito. Si sientes una conexión con el número 144.000, puede que hayas sido uno de esos primeros voluntarios de Venus.

Mientras trabajaba en este libro, en enero de 2021, uno de los guías certificados de los registros akáshicos canalizó el siguiente mensaje:

16 DE ENERO DE 2021,

ELLES TADDEO

La ley de causa y efecto solía ser la interpretación incorrecta de las leyes kármicas. Ahora, se ha convertido en la ley de elección y efecto, que indica que la responsabilidad recae sobre el que elige. En cualquier momento, se puede realizar una nueva elección que refuerce o anule el efecto de la elección anterior. Todas las elecciones están directamente relacionadas con un resultado. Con el cambio de «causa» a «elección», en cierto sentido el karma, tal y como se ha interpretado a lo largo de los últimos dos mil años, ya no existe. Esta nueva interpretación se está imponiendo lentamente a medida que se adquieren nuevos conocimientos y el velo de oscuridad desaparece. Los humanos serán gradualmente más fuertes y estarán más dispuestos a aceptar la responsabilidad de sus elecciones, ya que estas se reconocerán como elecciones de Dios. A medida que va desapareciendo el velo oscuro, la verdad resulta cada vez más clara. ¡AHORA es posible! El cambio se puede hacer de forma instantánea. Os bendecimos y os amamos.

¿Quiénes sois?

Somos los Señores del Tiempo y el Karma. Os amamos y os amparamos. Id en paz. Todo está bien.

LOS NUEVE. CANALIZADO EN AGOSTO DE 2020

¿Quiénes son los Nueve? Son una energía exquisita, amorosa y creativa que emana de la Fuente, el sol situado detrás del sol. Representan el amor y el regocijo que se pueden entender de la mejor forma como un recurso de la Creación.*

Os traemos un mensaje de esperanza y amor. El vuestro es un tiempo difícil y la oración es la capacidad de permanecer sintonizado con la Divinidad. Os traemos amor y luz. Maureen es nuestra mensajera en este momento. Maureen ha sido siempre nuestra mensajera, pero no quería

---

* Para dar más detalles, el Concilio de los Nueve es el principal representante del Gran Refugio Azul de la Gran Luz Azul. Esta Gran Luz Azul de la Creación viene directamente del Señor Siraya. Pasa primero a través del Concilio de los Nueve y después se distribuye a los Altos Concilios de Luz de Orión. Desde ahí, pasa a través de todos los grandes concilios sagrados de arcángeles, ángeles, *elohim* y Señores del Tiempo (el linaje celestial) que existen en toda la Creación.

parecer tan diferente como para ser rechazada. Maureen, tu corazón está abierto de par en par; eres nuestro canal, y puedes ser y serás amada y rechazada. Acostúmbrate a ello.

Ahora, pasaremos al mensaje que queremos que escribas hoy en nuestro nombre. Piensa en tu mensajero más evolucionado. Piensa en las personas a las que escuchas y con las que trabajas. Cada una de ellas puede ser cautivadora e interesante. Muchas personas pueden estar en la oscuridad, sin ser capaces de discernir sus propios pensamientos de la superposición que las puede confundir. Muchos no ven o no entienden su verdadero propósito en la Creación. *Nosotros* sabemos, *vosotros* veis. Has insistido en quedarte en tu amada Nueva York. Nosotros *sabemos* hasta qué punto adoras esta ciudad, y ciertamente recibirás apoyo durante este período de gran prosperidad y evolución.

Estamos aquí para ayudar a la humanidad y ayudarte a ti. Emanamos a través de ti para crear mayor conciencia y entendimiento sobre la importancia de la luz y el amor en el planeta. Muchos ven que el mundo no está bien. Muchos ven que hay mucho trabajo por hacer.

Puedes continuar.

Emplea este tiempo [de dificultades] para ser diligente, permanecer en tu centro, ser impecable y ser honesta. Hay muchas personas que no podrán adaptarse. Tú te has adaptado bien y continuarás sirviendo a la humanidad adecuadamente.

¿Podemos hablar de la Dimensión Magnánima?

Sí, tal y como hemos indicado, os hemos instado a incorporar la energía de la integración combinada de las tres dimensiones. Sabemos que la energía de la tercera dimensión os resulta bastante familiar, su polaridad, su división, su bondad... Sí, hay bondad en la tercera dimensión. La cuarta dimensión es integrar el ahora en cada uno de vosotros. Estáis empezando a acceder a las profundidades de la alegría, la presencia y el amor. La

cuarta dimensión es el portal a través del cual os magnificáis y os transportáis a la quinta dimensión. Como vuestro mundo ha tardado en ponerse al día, ahora os ofrecemos la cualidad combinada de este nexo hacia la
quinta dimensión para llegar a todos y cada uno de vosotros. La llamamos
la «Dimensión Magnánima», una energía de gran integración. Consiste en
conocer y entender los peligros de la tercera, la pasión de la cuarta y el
éxtasis de la quinta, y destilarlo todo en un exquisito elixir de magnanimidad. Ahora, disfrutáis del resultado de estas dimensiones combinadas y
podéis pedir el *resultado más magnánimo*.

LOS NUEVE. CANALIZADO EN AGOSTO DE 2020

La elección de las palabras tiene gran importancia. Hay muchas expresiones que puedes añadir a tu vocabulario para estar
siempre dispuesto a mantener un nivel óptimo de conversación:
«¿Qué he "pedido" hoy al universo?», «El universo debe de saber
algo que yo no sé porque...», «Me pregunto qué pasará con ese
asunto», «Dejaré que los ángeles me muestren lo buenos que son»,
«Que Dios te bendiga», «Doy las gracias por *todo* lo que me ocurre». O la favorita de mi amiga Tracy: «Todo es divino».

Hay muchos místicos en la sociedad actual, y algunos se han
adelantado a su tiempo. La siguiente cita es de un orador y filán-
tropo a menudo vilipendiado que rectificó sus errores y alcanzó
la integridad tras abandonar a su familia y compensar posteriormente a su familia política por haberse hecho cargo de su primera
mujer. No resulta fácil ser un héroe, y algunos de los héroes más
inverosímiles son malas personas que se reforman. Piensa en las
asombrosas historias de Neale Donald Walsch en su afamada obra
Conversaciones con Dios.

Podemos elegir ser lo suficientemente audaces como para asumir
la responsabilidad de toda la familia humana. Podemos elegir hacer

que el amor por el mundo sea el motor de nuestra vida. Cada uno de nosotros tiene ahora la oportunidad y el privilegio de marcar la diferencia en la creación de un mundo nuevo para todos. Esto requerirá valor, audacia y corazón. Es mucho más radical que una revolución: es el comienzo de una transformación en la calidad de vida en nuestro planeta. Tienes el poder de dar un pistoletazo de salida que se escuche en todo el mundo.*

3 DE ENERO DE 2020
EL GRAN DIRECTOR DIVINO Y SANAT KUMARA
CANALIZADOS POR MAUREEN ST. GERMAIN

Aquí estamos el Gran Director Divino y Sanat Kumara. Sanat Kumara será el que hable. La presencia del Gran Director Divino es necesaria para proporcionar la gran matriz, de la que hablaremos en un momento.

Te pedimos que mires los acontecimientos venideros en tu vida con un renovado sentido de asombro. Permite que así sea para tu mayor y más elevado bien. Permite que resulte divertido y fácil. Vas a tener que soltar muchas cosas. En algunos casos, podrías decir: «No, de esto no me puedo desprender». Y nosotros te pedimos que intentes buscar un sustituto. Intenta encontrar otra forma de satisfacer esa necesidad o date cuenta de que no lo necesitas y déjalo ir.

Te señalamos el concepto de la muerte y te decimos que, cuando alguien muere, inmediatamente piensas en tu desgracia y lo que has perdido. Y te decimos: ¿qué pasaría si pensaras en todo el bien que te aportó la presencia de esa persona en tu vida? ¿Y si te permitieras pasar a la profunda

---

* Werner Erhard, «Creating a World That Works for Everyone» [Crear un mundo que funcione para todos], *Graduate Review*, febrero de 1980. Werner Hans Erhard (nombre de nacimiento: John Paul Rosenberg; 5 de septiembre de 1935) es un escritor y conferencista estadounidense conocido principalmente por fundar el programa de entrenamiento Est, que operó desde 1971 hasta 1984. Ha escrito, dado conferencias y enseñado sobre la superación personal.

gratitud de haber tenido la oportunidad de estar con esa persona tanto tiempo? La madre de Maureen siempre se centraba en la gratitud cuando sus amigas se quejaban de pagar muchos impuestos. Solía decir: «Estoy muy agradecida de disponer de ese dinero. Crecí siendo pobre». Cuando hablaba del padre de Maureen, que fue prisionero de guerra, la madre de Maureen reconocía que fue un milagro que volviera vivo, ya que muchos no tuvieron esa suerte. Y que les regalaron todos esos años.

Por tanto, independientemente de lo que tuvieras y ahora has perdido, te rogamos que empieces a identificar las bendiciones derivadas de haberlo tenido y que mires a tu alrededor. Toda la Tierra, toda la humanidad te pide que vivas con menos, que vivas con más simplicidad, que dediques más tiempo a la contemplación, más tiempo para ti. Que observes las cosas que has perdido o estás perdiendo con ecuanimidad y compasión hacia ti mismo.

Cada uno de vosotros tiene su propio camino y su propia carga. Cada uno se enfrenta a algunas pérdidas, unas mayores que otras. La comparación con los demás es innecesaria. Te proponemos utilizar la naturaleza humana de la comparación para pensar en todo lo bueno que has recibido. Cuando te centras en el presente y piensas «sí, pero echo mucho de menos a esta persona o esta cosa», piensa a continuación «bueno, estoy agradecido por haber disfrutado de ello. Doy las gracias por haber tenido esta experiencia».

Recuerda que se te romperá el corazón. Recuerda que seguirás perdiendo cosas. Recuerda que sobrevivirás a todo esto. No te fuerces a superar el luto de tus pérdidas. En su lugar, siéntelo. Permite que la pena sea honda y, después, sal de ella. De nuevo, profundiza en ella y supérala. Y, como una sinusoide que tiene altos y bajos cada vez de menor proporción, te sugerimos que vayas dejando atrás lo que hayas perdido. Sé generoso y amable. No sufras por tu sufrimiento. Una forma de asegurarte de que mantienes este equilibrio es contar las veces que narras tu triste historia. No dejes que sean más de tres. Si sabes que tu hermana te prestará un poco más de atención sobre la pérdida de un trabajo o el final de una relación, no se lo cuentes a la primera persona que llegue; aguarda a que tu hermana te llame. Esperamos que aprecies el humor en esto que te decimos.

También queremos que sepas que debes usar tus herramientas. Pueden ser aceites esenciales, cristales y tus discos especiales; otras herramientas como el *tapping* y, por supuesto, solicitar nuestra asistencia: pedirnos la ayuda suficiente para atravesar todo esto. Ya no tienes que hacer nada por tu cuenta. Nunca más estarás solo. Aunque hayas perdido a tu persona amada, no estarás solo. No te abandonaremos. Estaremos cerca esperando a que nos pidas ayuda. A Maureen le gusta decir: «Imagina una sala llena de sirvientes a tu alrededor. En un momento dado, les dices: "Qué hacéis ahí parados?". Y ellos contestan: "Estamos esperando tus instrucciones. Estamos esperando que nos digas lo que quieres. Estamos esperando a escuchar el deseo de tu corazón"».

Si sientes tristeza en el corazón, te pedimos que vayas a contemplar puestas de sol. Le dimos esta directriz a Maureen cuando pasó por un gran duelo hace muchos años. Posteriormente, encontró un estudio científico que establece claramente que las puestas de sol realmente ayudan a salir de una depresión. Haz tus meditaciones. Pide que en tu día se manifieste el cielo en la tierra. ¡Pide! Solo recibirás lo que necesitas si lo pides.

Puede que tengas que acompañar a alguien que haya experimentado una pérdida. En tal caso, deja que esa persona comparta su pérdida. Escucha, no juzgues ni hables..., solo escucha. Eso será suficiente. Y, después de haber escuchado su triste historia, puedes decir: «¿Puedo ofrecer una pequeña plegaria ahora mismo en voz alta contigo?». Y la otra persona podría decir: «Sí». De ser así, simplemente di: «Pedimos a todos los ángeles y seres de luz que te ayuden a transitar y resolver esta pena o este sufrimiento, tus sentimientos de pérdida, de forma que puedas acceder a tu lugar de poder, tu lugar de verdadera ecuanimidad, de amor incondicional por la vida».

Ahora, el Gran Director Divino desea hablar sobre este ideal de tu gran matriz (divina), y hacerte saber que, aunque es una matriz, es un campo vivo, lo que significa que puede variar y cambiar. Y te instamos a que le pidas al Director Divino que superponga sobre ti su presencia electrónica para dar vida a tu matriz divina de forma que vivir de acuerdo con ella resulte divertido y fácil; que la ilumine como un neón, que tus ángeles te ayuden a verla. De esta forma, te alinearás a la perfección con el plan divino. Cuando te alineas completamente con el plan divino que te corresponde, tú eres la solución. Y te recordamos que sanarte es parte de la solución. Cuando sanas tu corazón y expandes su energía, influyes en el mundo que te rodea. Cuando influyes en el mundo que te rodea, expandes de nuevo tu influencia. Mientras realizas variaciones y cambios, permite que otras personas te ayuden. Acepta la ayuda de tus asistentes etéreos. Pide a tu yo superior que intervenga y te ayude. Y no olvides que nunca te abandonaremos. Nunca te dejaremos solo. Soy Sanat Kumara, acompañado por el Gran Director Divino.

Sanat Kumara y el Gran Director Divino

25 DE JUNIO DE 2020
MENSAJE DEL GRAN DIRECTOR DIVINO

Estamos aquí contigo para ayudarte a comprender todos los misterios que se acumulan a tu alrededor, así como tu trabajo.

Existen fuerzas cercanas con fines oscuros que no están en sintonía con la versión de la realidad en la que los humanos realizan sus cambios transformadores. Te pedimos que te permitas estar cómodo, feliz y alegre, y esto evitará que tengan éxito. Así que, aunque a tu alrededor se produzcan situaciones dramáticas, aunque existan normas y disposiciones administrativas que no te gusten, te decimos que, especialmente en

Estados Unidos, esas normas no forman parte del plan y se deben a indi-viduos que creen que tienen autoridad, pero no es así.

Poco a poco, las personas que te rodean están despertando y descubrien-do que están siendo manipuladas por quienes no tienen esa autoridad. Te pedimos que encuentres tu propio lugar en todo esto. Si no eres un guerrero, no empuñes la espada. Si eres un guerrero y estás encanta-do de luchar, entonces hazlo con pasión, amor y compasión. No tomes la espada para ser violento o para luchar. Esto podría hacer que te vieras atrapado por la energía de la ira y el odio que se está proyectando en la realidad para hacer que las personas se odien unas a otras y devolverte a la energía de polaridad de la 3D.

Ya no hay soporte para dicha energía* y nosotros, desde nuestro lugar privilegiado, hacemos todo lo que podemos para disolver esa energía, para debilitar esa energía, para contrarrestar esa energía. Te pedimos que prestes atención cuando veas estelas químicas en el cielo o cuando sientas que hay otras energías que trabajan en tu contra. Por ejemplo, si entras en un sitio y sientes energías oscuras, no tienes más que invocar las energías del Reino Angélico. Pide que las energías se transmuten y se transformen de inmediato para el mayor y más elevado bien de los pre-sentes y para el mayor y más elevado bien de las personas que vengan después de ti, de forma que no haya absolutamente ningún drama.

Eres un mago. Tienes el poder dentro de ti y estás despertando al hecho de que cuentas con este poder y de que *puedes* marcar una diferencia. Es posible que pienses que debes hacer ciertas cosas. Definitivamente, hay motivos para responder con docilidad en ciertas situaciones. El motivo no es que debas acatar las normas, sino que sabes que no debes atraer hacia ti una atención que no deseas, o bien que quieres utilizar el amor para ganar la batalla desde una posición estratégica distinta.

---

* Esto podría compararse a cuando se dice que ya no existe soporte para Windows XP. Puedes seguir usando ese *software*, pero es mejor que actualices a una versión nueva.

Todas estas respuestas son apropiadas. Te recordamos de nuevo que tienes poder absoluto y que puedes defender tu posición (y lo harás) a través de tu trabajo como ser espiritual; dedica oraciones a los líderes que están expuestos a los que mienten, a las mentiras y a sus acciones. Te rogamos que te colmes de compasión, pase lo que pase.

Si tu hijo o tu hija fueran los culpables de cualquier cosa que llegue a tu conocimiento, pedirías compasión para ellos. Pedirías a los tribunales que fueran clementes. Ten clemencia para la transformación de la sociedad, pero no por aquellos que querrían verte fallar, para que no puedan perpetuar el drama ni continuar haciendo daño a los humanos. No obstante, sé compasivo con ellos de una forma que implique que no demandas que tengan un nivel de sufrimiento superior al que han ocasionado. Tu sentido de la justicia en este momento es comprensible. Tu sentido de juego limpio es comprensible. Pero, para salir de esta matriz de 3D, debes soltar tu necesidad de *saber* que se ha hecho justicia. Los que se enfrentan a esta situación lo hacen con facilidad y trabajan para liberarse de la esclavitud de buscar culpables, la esclavitud de mantener a la humanidad en un lugar de control para controlar el drama, para controlar el juicio o para controlar el resultado.

Te decimos: «Encuentra la alegría». Encuentra la manera de estar alegre todos los días. Te decimos que, si no eres un guerrero, esta *no* es tu batalla. Si eres un guerrero y estás preparado para la batalla, tendrás el respaldo del universo. No camines solo. Debes contar con un sistema de apoyo en la 3D y también por nuestra parte. Tus esfuerzos se tendrán en cuenta. Si sigues tu propia intuición, sabrás los momentos en los que debes alzarte y los momentos en los que debes darte una tregua.

Lo más importante es conservar la alegría. Lo segundo más importante es permitirte mirar esas situaciones, esos delitos que se están produciendo, y darte cuenta de que se hará justicia de cualquier manera que proceda y de que no tienes que alzar la voz al respecto. Tampoco tienes que utilizar tu energía para realizar denuncias ni hacer cualquier otra afirmación que juzgue este resultado como injusto para algunos y no para otros.

Te recordamos el mensaje de Sanat Kumara que decía: «El juego (de la 3D) termina cuando ya no hay más jugadores. ¿Serás el primero en abandonarlo o el último?». Te recordamos y te pedimos que hagas un esfuerzo activo todos los días para que, cuando veas las noticias y toda la información, luego retrocedas, te desenganches de todo y decidas que es un teatro. Decide lo que decidas sin que te muevan los juicios, sin dejarte llevar por la ira o la frustración y siendo proactivo y poderoso sin abandonar tu alegría. Queremos que entiendas que *eres* poderoso y que *puedes* controlar tus circunstancias.

Soy el Gran Director Divino. Yo mantengo el amor y la luz alrededor del planeta. Como algunos de vosotros ya sabéis, mi cuerpo causal es más grande que la Tierra. Os ayudaré. Invocadme a diario. Los que habéis estudiado los registros akáshicos con Maureen St. Germain sabéis cómo invocarme todos los días. Os ayudaremos. Somos el equipo de maestros ascendidos que respalda este planeta y somos parte del gran cuerpo de seres que apoyan la transformación de la humanidad.

Estad preparados y alerta ante aquellos que están despertando. No impongáis vuestros planes a nadie. En su lugar, esperad a que acudan a vosotros. Os recordamos que vuestra situación podría empeorar antes de mejorar. Vuestra elección de permanecer impasibles ayudará a otros a hacer lo propio. Os pedimos que busquéis la meditación (gratuita) del Gobierno Divino [Divine Government] en el sitio web de Maureen y la hagáis todos los días si podéis. Muchos de vosotros habéis esperado largo tiempo esta victoria. Está a la vuelta de la esquina. Estamos siempre con vosotros y nunca estáis solos.

Eso es todo.

EL GRAN DIRECTOR DIVINO

Como parte de la transición a una conciencia superior, puedes descubrir que las siguientes doce revelaciones te ayudarán a identificar el camino y la forma de comportarte en la vida.

Si buscas un conjunto de reglas simple para guiar tu progreso, puede que te resulte útil usar estos doce conceptos para alcanzar la maestría de tu yo de quinta dimensión:

1. Cree en el yo superior y aprende a activarlo y a usarlo. Durante muchos años, he compartido este método simple y directo de conectar con el yo superior. Se trata de una conexión con tu versión más elevada. No es mejor que tú, ni debes dejar que te domine. Como un buen orientador, puede ver más allá de lo que tú ves y puede guiarte para tomar decisiones que te ofrecerán el mejor y más elevado resultado.

2. Reconoce que tu yo superior puede llevarte de vuelta a casa. Tu yo superior eres tú y sabe lo que has planeado para ti antes de que ocuparas este cuerpo. Tu yo superior tiene acceso al pasado, así como a tus objetivos y deseos actuales. Nada puede interponerse en tu camino de conocer la mejor y más elevada elección cuando has desarrollado esta conexión con tu yo superior.

3. Reconoce el beneficio de preguntar a tu yo superior acerca de todo. Este simple concepto parece extremadamente obvio cuando entras en el modo de práctica de cuarenta y cinco días de la formación para conectar con el yo superior. Tras la práctica de cuarenta y cinco días, puedes decidir no seguir a tu yo superior. Cuando le preguntas sobre qué camino tomar y, después, eliges otro camino, la opción del yo superior descartada se reconocerá como la mejor en algún momento posterior. Esto a menudo te hará reír, como indican muchos estudiantes arrepentidos: «*Sabía* que no era lo mejor, pero aun así lo hice».

Algunos de estos «pasos en falso» te harán entender que, incluso cuando vaya en contra del sentido común, te puedes beneficiar si sigues la sugerencia de tu yo superior. Recuerda que tienes libre albedrío. Tu compromiso de seguir al yo superior todo el tiempo no es más que una elección.

4.   Reconoce que tienes que estar dispuesto a asumir los golpes al corazón. Se produce un golpe al corazón cuando alguien cercano a ti, alguien al que amas y estimas, alguien que crees que está en el mismo camino o la misma onda que tú, hace algo que tú no harías. Esto amenaza tu seguridad y tu sentimiento de confianza, ya que te pilla completamente por sorpresa. Este concepto se describe con detalle en *Beyond the Flower of Life* [Más allá de la flor de la vida]. Saber cómo reconocer un golpe al corazón se convierte en una herramienta poderosa para aumentar tu consciencia. Elegir «amar a esas personas de todas formas» en estas ocasiones rompe una barrera para el «amor» que tienes en el corazón (condicional y basado en expectativas) y te ayuda a pasar a un plano de consciencia más elevado. No quiero sugerir con esto que debas tolerar el abuso. Si el que asesta el golpe al corazón es un amigo puede que ese amigo descienda a la categoría de conocido, lo cual está bien.

5.   Reconoce que eres el cocreador de tu realidad. Casi todos los maestros espirituales te dirán esto, pero es realmente difícil aceptar las cosas cuando no van como queremos. «Aceptar» que eres un cocreador significa que todas las partes que te componen (el yo superior, la superalma y el yo humano) colaboran para generar oportunidades destinadas al desarrollo de tu ser espiritual. Tu superalma es la recopilación de expresiones de tu ser (en diversas realidades) que supervisa todas las formas en las que te expresas.

6. Reconoce que puedes cambiar esta realidad a tu antojo. Este es otro concepto que, aunque está ampliamente extendido en las enseñanzas, resulta difícil de aceptar, y más de poner en práctica. La maestría divina es el objetivo de alcanzar la quinta dimensión. El objetivo de las herramientas incluidas en este libro es mostrarte lo poderoso que eres y te invitan a asumir el papel de verdadero dueño de tu destino.

7. Reconoce que la forma en que recibes no está relacionada con quien da. Cuando uno madura, este principio resulta bastante obvio. Empiezas a entender que los demás no piensan igual que tú y que lo «hacen lo mejor que pueden». Sorprendentemente, cuando accedes a la maestría espiritual de quinta dimensión, desaparece la necesidad de saber por qué las personas hacen lo que hacen y, en su lugar, te encuentras sintiendo compasión por las debilidades de los demás. Como ser de la quinta dimensión, prepárate para sentir asombro cada día.

8. Reconoce que todas las personas están realizando su propio viaje. Todos y cada uno de los humanos son criaturas de Dios libres. Algunos tienen miedo de cometer errores, por lo que siguen las enseñanzas y las creencias de otros de forma rígida. Esos otros (expertos) han hecho pontificaciones y promesas que apuntan a que su propuesta resolverá tus problemas y te aportará paz. La paz surge de dentro, y tu viaje te incluye a ti y a los demás para expresar un amor incondicional que va más allá de la necesidad de saber «por qué» y, en su lugar, llega a una comprensión más amplia de «qué» ocurre realmente. Este es uno de los objetivos principales de abrir los registros akáshicos. Empiezas a entender una imagen mucho más amplia de tu vida y las interacciones con los demás. Por ejemplo, un hombre que practicaba la meditación con devoción y que intentaba entender el motivo de la falta de respeto y el maltrato de su

hija adolescente hacia él, recibió a través de mí la información de los guardianes de los registros de que él y su hija fueron adversarios en una vida anterior. Él siguió avanzando espiritualmente, pero ella no. Él accedió a apadrinarla en esta vida. Ella sigue viéndolo como su adversario.

Los guardianes de los registros también le comunicaron que esto llevaría tiempo, que ella finalmente «entraría en razón», que llegaría a ser una hija cariñosa y que su trabajo era «amarla en cualquier caso» hasta que eso ocurriera. Y, después, añadieron que antes pasarían unos cuantos años. Como madre, puedo decir que, aunque esa información resulta útil, no es exactamente lo que uno quiere escuchar. Por otro lado, los guardianes de los registros le aseguraron que no se trataba de una «deuda contraída», sino de una elección que él hizo desde el amor y la compasión en los más altos niveles de existencia, y aquí en la Tierra su trabajo era amarla igualmente, lo que también lo ayudaba a él a avanzar espiritualmente.

9. Reconoce que estás en el centro de tu universo. Realizas un descubrimiento impresionante cuando te das cuenta de que tienes el control de tus sentimientos, tus pensamientos y tus reacciones ante los demás, y de que no tienes derecho a nada en cuanto a los otros. Esto conduce a la maestría interna. Cuando empieces a percatarte de que lo que otras personas piensan o hacen no supone ninguna diferencia a menos que tú lo permitas, te convertirás en el centro de tu universo.

10. Reconoce que cada día empiezas desde cero. Este descubrimiento es una magnífica explicación de que «ya no existe el karma», tal y como se detalla en el capítulo cuatro de *Despertar en la 5D*. Significa que los errores de ayer (los cuales se suelen lamentar en algún momento) no pueden ser un lastre. Puedes «aprender» a realizar nuevas elecciones que no

impliquen «inclinaciones» hacia los malos comportamientos, pensamientos o palabras que ahora lamentas. También significa que puedes perdonarte cada noche sabiendo que al día siguiente puedes empezar de nuevo y que el hecho de llevarte la cuenta a ti mismo más allá de la consciencia interior para hacerlo mejor mañana es lo único que hace falta. Esto disipa esa energía de «no ser suficientemente bueno» que puede embargarte en ocasiones.

11. Reconoce que tienes la obligación de actuar con integridad. El hecho de que ya no exista el karma no implica que puedas seguir haciendo las mismas cosas inapropiadas día tras día. Implica que eres responsable de tus elecciones, reconoces dónde o cómo podrías ser diferente y después eliges otra vía la siguiente vez que te encuentras en una situación similar. También significa que *captas* que tienes un deber personal contigo mismo para estar a la altura de los elevados estándares que tienes para los demás. Finalmente, implica que lo que piensas, dices y haces refleja de forma precisa tus creencias, palabras y acciones, y se corresponde con ellas. La incoherencia en este sentido —utilizando un ejemplo divertido— sería como decir «estoy intentando perder peso» y después comerte unos dónuts. Esa es la idea.

12. Ten la voluntad de permanecer conectado con tu yo superior. Es una tarea simple, pero requiere el compromiso firme de mantenerse conectado. Esto significa que estás dispuesto a «contactar» con tu yo superior a diario en cuanto a las acciones y las decisiones que elegirás. Los adultos normalmente tienen egos muy desarrollados que los ayudan a tomar decisiones basándose en su historia y su comprensión de la realidad. Cuando te relaciones con tu yo superior de forma regular, te darás cuenta de que en ocasiones te señala un camino

contrario a la lógica. Seguir la orientación de tu yo superior requiere compromiso y práctica. Básicamente, esta práctica te llevará a resultados más elevados y mejores de lo que jamás pudiste imaginar.

Recientemente, he recibido de mi queridísima amiga y confidente Tracy Jo las siguientes reflexiones sobre el miedo:

Maureen, deseo compartir esto contigo porque he leído tu último artículo sobre el miedo. He llegado a entender que el miedo no es más que otra ilusión que te hace incapaz de actuar, de llevar a cabo cualquier acción necesaria para superar la forma concreta que haya adoptado ese falso miedo en cuestión. No somos víctimas en esta aventura de la cocreación. Somos un reflejo de Dios o de la Fuente, y dentro de mi ser no puedo encontrar en ninguna parte nada que apoye la creencia lógica o intuitiva de que Dios tenga que ver con el miedo o con ser una víctima. Por tanto, esto quiere decir que, de la misma forma, yo —si estoy dispuesta a hacer el trabajo de superarme a mí misma (la ilusión) y de entender quién soy realmente (una encarnación de Dios)— nunca tendría que ser un vehículo para el miedo. Soy un Templo de Dios, un lugar donde nosotros (Dios y yo) podemos estar juntos y comunicarnos mutuamente aquí en este mundo. El miedo no puede penetrar aquí porque, si lo dejo entrar, mi conexión/comunicación se corta temporalmente. ¿Y el objetivo no es caminar en conexión con nuestro Creador como si fuéramos Uno todo el tiempo? Albert Einstein dijo: «Quiero conocer la mente de Dios; todo lo demás son detalles». Yo medito sobre la Mente de Dios con frecuencia y me pregunto: ¿podría haberse producido toda esta creación si Él hubiese tenido miedo de alguna manera? Mi corazón me dice que no. Jesús nos repitió en muchísimas ocasiones que no tuviéramos miedo, y también lo considero uno de mis grandes maestros. Acepto su consejo y pido a los demás que también lo hagan. ¡No tengáis miedo y amad más! Creo que el antídoto para el miedo es el AMOR, y esto empieza por amarte a ti mismo y saber que el antídoto está dentro de tu propio ADN. Y cuando te des cuenta de que eres el antídoto, es decir, el AMOR, nunca más temerás ser nada menos.

El miedo es un mensajero. Te pide que seas consciente de si estás «repitiendo» las directrices o el sistema de creencias de otra persona. O bien te insta a observar si te has desalineado de tus propias creencias. El miedo requiere que cambies tus creencias o tu comportamiento. Finalmente, está el miedo al miedo. Esto se perpetúa mediante ciertas energías que tienen la misión de controlarte. Cuando sientas miedo, asegúrate de preguntarte: «¿De qué tengo miedo?». Esto te ayudará a disipar los mitos, a desear más información y a ser consciente de los pensamientos de los demás que puedan estar influyéndote y de tus propios pensamientos. Más adelante en este libro encontrarás más información sobre lo que los Señores del Tiempo tienen que decir acerca del miedo.

1
¿Por qué estamos aquí?

L a respuesta corta es que estamos aquí para ampliar la base de datos. Nos separamos de aquello que es *inseparable* para experimentar más de lo que ya éramos. Si ya hubiéramos sido todo, no podríamos haber experimentado el «no Dios». Al haber creado un sistema que permitía seleccionar la opción de «no Dios», aumentamos las posibles experiencias de la Fuente. Sin embargo, ahora es el momento de refrenar a los «niños» que están tan inmersos en el juego de la polaridad que no recuerdan quiénes son realmente. El propio juego ha ido demasiado lejos y es demasiado profundo para que pueda continuar, así que el gran experimento se ha completado.

La respuesta a por qué estamos aquí no es única. Es importante entender que hay muchos tipos de personas encarnadas en la Tierra, y cada grupo tiene su propio motivo para estar aquí.

DISTINTOS GRUPOS DEL PLANETA
EN ESTE MOMENTO

Vamos a empezar por los viajeros. Los viajeros tienen permiso para viajar por el universo. El único requerimiento es tener curiosidad por el lugar al que llegan y asegurarse de dejarlo mejor de lo que lo encontraron. El mejor ejemplo de esto se encuentra en la película *K-Pax,* una encantadora historia sobre un hombre que aparece en Grand Central Station, en la ciudad de Nueva York, entre una multitud de gente. Afirma proceder de un lugar llamado K-Pax. Estos viajeros sienten curiosidad por la forma que adopta la vida en otros lugares, pero no pueden interferir, a menos que su presencia mejore las cosas. Esto puede ser un poco difícil de entender, así que ver la película puede despertar tu percepción de esta interacción sin interferencia.

Otro grupo es el de los guías, que son similares a los guardianes. Los guías son seres evolucionados que se han ganado el derecho de ser maestros y ayudantes de los habitantes de la Tierra. Han encarnado muchas veces en nuestro planeta y han alcanzado cierto nivel de devoción y maestría. Muchos son miembros de las 144.000 almas que vinieron con el maestro ascendido Sanat Kumara cuando la Tierra estaba en su momento más oscuro. Muchas de esas 144.000 almas vuelven a estar encarnadas ahora. En ellas predomina su devoción por Sanat Kumara, también conocido como Anciano de los Días, y por la luz. Son buenas personas y su propósito es estar ahí. A veces, lo único que se requiere es su presencia.

El siguiente grupo al que me gustaría referirme es el de las almas de la Tierra que están aquí como guardianes y ayudantes. Al igual que los guías, también han venido para estar al servicio de la humanidad. Los guardianes se diferencian de los guías porque su misión es servir a los maestros y otros líderes espirituales, y contribuir a mantenerlos a salvo. Esto implica que pueden tener trabajos normales y aparecer en eventos especiales. Sienten la necesidad imperiosa de «tenerlo todo bajo control». Esto puede significar que son la persona amada o la pareja de un maestro espiritual, o bien su benefactor. También podría tratarse del alumno de un maestro que siempre encuentra una forma de estar atento a la persona que se supone que debe vigilar. Muchos maestros espirituales tienen guardianes en sus vidas. Incluso puede que el maestro no sepa quiénes son ni conozca su función de guardianes.

El grupo al que cuidan todos estos maravillosos ayudantes son los «habituales» de la Tierra, que trabajan para conseguir su propia maestría. Este grupo está compuesto por humanos de la Tierra que están preparados para evolucionar y que ahora están listos para «despertar». Su propósito es despertar.

Por último, existe un grupo muy especial de almas que ya son maestros ascendidos encarnados y que están aquí también como ayudantes y guías. Sin embargo, su papel tiene que ver con el liderazgo en muchos casos. Son extraordinarios en cuanto a habilidades, compasión y comprensión. Normalmente, cuentan con muchos talentos y pueden hacer prácticamente cualquier cosa que se propongan.

Su trabajo es ejercer el liderazgo y garantizar que la raza humana continúe evolucionando y sorteando los peligros a los que se enfrenta la humanidad en la primera mitad del siglo XXI. Muchos no son capaces de acceder a vidas pasadas en su búsqueda espiritual, ya que esos registros están sellados. Además, una de sus cualidades más notables es que son muy intrépidos. Si eres la madre o el padre de uno de estos maestros, debes aprender a escuchar a tu yo superior para saber qué tipo de orientación y disciplina debes ofrecerle. No es fácil ser el progenitor de un maestro ascendido, ya que no «necesitan» la niñez. Para ellos no es más que un trámite para llegar a ser adultos y revelarse como líderes y artífices del cambio.

Recuerda que si escuchas una voz interior que te dice que «debes» hacer algo, esta proviene de tu hemisferio izquierdo, la parte lógica del cerebro. Esto es porque el «deber» no forma parte del proceso de intuición y orientación interna. Si tienes una sensación clara de que la información se ha «posado» o ha aterrizado en tu cerebro, es muy probable que la hayas recibido desde su lado intuitivo. Comprueba siempre con tu yo superior cuál es la mejor forma de actuar como progenitor de estos niños que ya son maestros ascendidos.

UN PUNTO CRÍTICO PARA CADA UNO

Muchos de vosotros habéis tenido o tenéis una crisis. Estáis preocupados por cómo sobrevivir y superar esta crisis que estáis atravesando. Ahora es el momento de dar un paso al frente y permitir que la crisis active vuestros dones. Estos dones pueden haber permanecido ocultos durante mucho tiempo. Cuando elijas la forma de explicar tus dificultades pasadas, es mejor decir «he experimentado una transformación» en lugar de «he sobrevivido al cáncer». Si te centras en el miedo (como en el cáncer en este ejemplo), entregas tu poder a una fuerza poderosa. Es preferible que te enfoques en el presente. Preguntarte por qué te ocurrió algo significa que estás intentando validar dónde *estabas* en lugar de atraer lo que necesitas ahora en el presente. Preguntarte por qué tienes tan mala suerte no hará más que validar el drama y atraerlo con más fuerza.

Estamos a las puertas de esta fantástica metamorfosis de la humanidad, representada por el fénix. El ave fénix se encuentra en las tradiciones japonesa, rusa, egipcia y nativa americana. El fénix a menudo se relaciona con el sol y se presenta como un solitario pájaro gigante, poderoso, benevolente y hermoso que puede vivir miles de años. Según la leyenda, renace de las cenizas de su propio nido. Vemos muchas cosas a nuestro alrededor que sabemos que no pueden durar —la forma antigua de pensar o de hacer las cosas— y debemos eliminarlas de nuestro sistema por completo a fin de dejar sitio para algo mucho mejor.

Un excelente ejemplo es el problema de los plásticos. Muchas organizaciones están a la vanguardia de la erradicación de este problema de nuestros océanos. En casi doscientas cincuenta ciudades de todo el mundo existe algún tipo de prohibición en relación con los plásticos; Nueva York es la segunda ciudad de Estados Unidos que ha prohibido los plásticos de un solo uso (como las pajitas). Cada año, alrededor de ocho millones de toneladas métricas de plástico llegan a los océanos, lo que equivale a un camión de basura lleno por minuto.

La humanidad está llena de solucionadores de problemas, pensadores creativos, investigadores y otras personas que confían en su intuición y sus sueños para desarrollar soluciones maravillosas. ¡Tú también deberías! Cuando eliges esto de forma activa, puedes «despertar en la 5D». Esto permite «saber» sin saber por qué ni cómo tienes ese conocimiento. Este es el proceso creativo de los inventores del pasado. Elegir conscientemente ser parte de la solución es quitarte la venda de los ojos (que no te importe el resultado final..., como lo que pueda ocurrir con la basura en el vertedero). De esto va realmente el libre albedrío. El acto de elegir te ancla perfectamente a tu yo de 5D. Y resulta aún más fácil con un MerKaBa activado. El MerKaBa es un campo energético con forma de estrella tetraédrica que puedes construir por ti mismo para ti mismo. También existen MerKaBas planetarios. Esta forma, una vez activada, produce la expresión más evolucionada de una entidad viva, aunque no se haya convertido en ese ser totalmente evolucionado. Se puede comparar con un uniforme que, al ponértelo, te lleva automáticamente a la quinta dimensión sin esfuerzo alguno.

Un jardinero sabe que una planta o un árbol bien podados dan más frutos que los que no se podan. Al haberme criado en una granja, aprendí esta lección de primera mano. Tu propia práctica de meditación sintoniza tus habilidades incipientes y te permite obtener más frutos de sabiduría y comprensión del mundo que te rodea. Las prácticas de meditación te alinean con tu verdadero yo divino.

Entonces, ¿cómo cambiamos?

En primer lugar, empezamos por darnos cuenta de que existe un problema al que debemos dejar de contribuir. Esto ocurre porque la conciencia global crece dentro de cada persona y cada país que decide que ya no quiere participar en el problema. A partir de ahí, vamos cambiando gradualmente.

Retomemos la cuestión de los plásticos. Afortunadamente, hay muchas organizaciones que están creando soluciones reales para este problema, como por ejemplo 4Ocean. Esta organización se dedica activamente a la limpieza y la promoción de la limpieza de los océanos. Si dejamos ir nuestros sistemas de creencias sobre cualquier cosa, como lo útiles que han resultado los plásticos para el hombre moderno, ahora que la humanidad ha creado un gran problema para los océanos con los desechos de plástico podemos hacer una «recalibración». Esta recalibración resulta evidente para ti y para los demás, y la humanidad puede elegir las formas de alejarse de la manera en que solíamos utilizar los plásticos y encontrar nuevos modos de eliminar los residuos.

RECALIBRACIÓN: OTRA FORMA DE SOLTAR

A veces, queremos controlar las cosas porque no nos sentimos seguros. Esto es comprensible en un mundo donde existen el abuso y el maltrato infantil y las familias disfuncionales. Ciertamente, todos somos obsesos del control en diferentes grados. Cuando mis hijos eran pequeños, quería que colocaran el kétchup en un lugar concreto del frigorífico donde yo pudiera verlo para saber cuándo se estaba acabando. Las familias con hijos saben lo importante que puede llegar a ser el kétchup y, como no nos sobraba el dinero, no quería comprarlo antes de necesitarlo.

La educación es responsabilidad. Convierto algo en mi responsabilidad personal. Al ir aprendiendo, elijo apoyar proyectos que nos ayuden a avanzar hacia el bienestar de la Tierra. La Madre Tierra es mi hogar y quiero ayudarla a «recuperarse». A medida que dejes ir tus queridas posesiones, tus apreciados hábitos y patrones, date el permiso para «resurgir de las cenizas de tu propia pira funeraria» con un renovado optimismo y esperanzas sobre un futuro maravilloso.

Cuando te enfrentes a tus propios dramas sobre no ser suficiente, la forma de enfocar el «no ser suficiente» aumentará tu éxito. Considera la posibilidad de pasar a la pregunta. «Me pregunto de dónde saldrá el dinero para pagar el alquiler». No te lo preguntas esperando una respuesta inmediata, sino que lanzas la pregunta confiando en que tus ayudantes invisibles y la matriz de la vida generarán la respuesta.

No tienes por qué saber el cómo. Cuando vives de esta forma, das al universo algo con lo que trabajar, ya que crees en la energía de la solución. «Me pregunto cómo sacar más partido a mi vida». «Me pregunto cómo realizar este proyecto». Ten en cuenta diversas soluciones. Haz una lluvia de ideas con otras personas y deja que se disipe cualquier limitación. Deja que el universo te sorprenda. Si sientes que te enfrentas a una situación inevitable que no tiene otra solución, invéntate una historia sobre una versión de tu drama en la que aparece una nueva solución de forma inesperada y se produce un resultado que te sorprende. Juega a ser un superhéroe. Dite a ti mismo: «Espero que el universo me sorprenda».

Muchas personas han tenido vidas mundanas. Han sido partícipes o cómplices porque no creían que tuvieran otra opción. Han tomado parte sin saberlo en versiones de la realidad que han ralentizado su progreso. Plantéate que podría haber otra versión de la realidad que existe simultáneamente y que no presenta estas dificultades. En estas realidades múltiples podrían existir el dolor y el sufrimiento, pero tendrías la oportunidad de saltar a otra versión menos dolorosa. Estos distintos escenarios interactúan con tu conciencia como una onda expansiva y pueden influirte sin que lo sepas.

Tú eres una de las muchas almas que están preparadas y que desean acceder a su verdadera naturaleza divina. El hecho de leer este libro lo corrobora. Recuerda que tienes muchos ayudantes esperando para ofrecerte su asistencia, como pueden ser tus ángeles y tus guías. Hay muchos seres extraterrestres pertenecientes a la luz aquí en el planeta que han tomado la decisión de volver a casa al final de este ciclo y que no necesitarán intervenir en el programa de Ascensión de la Tierra, aunque estén aquí para ayudar. Además, hay muchos maestros ascendidos entre nosotros en cuerpos humanos que contribuyen a la transformación de la humanidad acompañando a los humanos que están listos para evolucionar.

La humanidad va a experimentar un gran reinicio. Algunas personas han elegido ser parte de una nueva Tierra en la que tendrán la oportunidad de elegir sin el velo oscuro que se colocó para confundir y ofuscar. Puede que pienses que sabes lo que está pasando, pero me gustaría proponer la metáfora del paraguas. Solemos recurrir a la lógica para que nos resulte más fácil procesar la información que no tiene sentido. En el mundo de la psicoterapia, esto se llama disonancia cognitiva. Vemos o experimentamos una cosa y, posteriormente, descubrimos que era otra muy distinta.

LA METÁFORA DEL PARAGUAS PARA ENTENDER LA LÓGICA

Imagina que estás mirando por la ventana de un hotel en un área urbana y ves paraguas abiertos, así que piensas que debe de estar lloviendo... ¡pero no está oscuro! Sin embargo, si estás en Taiwán, podrías darte cuenta de que los paraguas son para protegerse del potente sol. Y si estuvieras en Hong Kong durante las revueltas de 2019, pensarías que los paraguas son un escudo frente al gas lacrimógeno... ¡y no saldrías a la calle! Los paraguas tienen un uso básico y muchos otros alternativos en los que no pensamos normalmente. Si eliges dar cabida a soluciones en las que no habías pensado, tienes la oportunidad de cocrear más allá de tu forma habitual de entender el universo.

Cuando aprendes a anclar la energía de quinta dimensión en tu vida, aprendes que *elegir* es la palabra clave. La quinta dimensión es elegir cambiar antes de que sea necesario, antes del dolor, del sufrimiento o de quedarse atrapado. La resistencia produce malestar y, a menudo, dolor.

Me han tenido que llevar a urgencias cuatro veces desde que salió mi anterior libro, *Despertar en la 5D*. Mucho antes del COVID, yo ya tenía problemas respiratorios. No es agradable. Tenía una infección fúngica tan profunda en los pulmones que se intensificaba cada vez que me encontraba cerca de cualquier cosa con moho: el eucalipto que había cerca de mi casa, que tenía moho negro en la corteza, un coche de alquiler donde había moho oculto o aquella primera vez, que resultó casi fatal: moho en los conductos de ventilación de una clase en el viejo edificio donde era profesora.

Un par de veces me desmayé y me desperté intubada. Mis médicos pensaron que tenía EPOC (enfermedad pulmonar obstructiva crónica), asma o alguna otra enfermedad pulmonar. Yo no dejaba de decirles que era el moho, pero los aproximadamente cuarenta análisis de sangre que me realizaron no mostraban «ese» moho. ¿Por qué os cuento esto? La información de mis guías era clara, pero no conseguía que nadie me creyera. Posteriormente, durante años, llevé un autoinyector de epinefrina para utilizarlo en casos extremos. Ahora que mi sistema inmunitario está fuerte, tengo aún más por lo que estar agradecida. Sé de primera mano lo que se siente al dejar tu cuerpo porque no puedes respirar.

He tenido episodios (anafilácticos) en países extranjeros, en aviones que atravesaban el Atlántico y en otros lugares lejos de casa. Muchas veces me resultaba tan difícil físicamente que entrara aire en los pulmones y respirar que tenía ganas de rendirme, pero tuve la fortuna de contar con la maravillosa ayuda de una sanadora remota que trabajó incansablemente conmigo mediante terapia energética cuántica. La terapia estructurada de energética cuántica (Quantum Energetics Structured Therapy) permite liberar sistemáticamente el mapa humano (el cuerpo etérico) de alteraciones, de forma que en el cliente se produce una catálisis para regenerar y reorganizar el físico hasta alcanzar el bienestar. Los profesionales de esta disciplina estudian durante años para aprender un detallado sistema de procedimientos correctivos que permiten dirigir las energías de forma que se solucionen dolencias tales como fracturas, inflamaciones y desalineaciones de huesos, órganos, músculos y organismos mediante el trabajo a nivel cuántico. Yo no estaría aquí hoy si no fuera por la ayuda sanadora de Elizabeth T.

Cuando tienes varias experiencias cercanas a la muerte, como me pasó a mí, algo cambia en ti. En momentos así, es fácil pensar: «Podría simplemente rendirme». Aunque he trabajado sobre esto, en la actualidad me aterra recordar que estaba dispuesta a tirar la toalla. Cuando tienes tantas dificultades para respirar, la idea de escapar domina tus pensamientos.

Algunos maravillosos portadores de luz y sanadores me ayudaron a seguir luchando. No estaría aquí sin su ayuda. Entre ellos están el grupo de sanadores del centro de salud de la Edgar Cayce's Association for Research and Enlightenment ('asociación Edgar Cayce para la investigación y la iluminación'), que concentraron tanta luz en mí la primera vez que me recuperé poco antes de que llegara la ambulancia, y Carol K., una increíble terapeuta craneosacral y sanadora remota mágica. Terri Young llamó a su equipo de ángeles para pedir ayuda con respecto a algunas dificultades serias que tuve mientras me encontraba en China, de las que escapé por los pelos.

LA IMPORTANCIA DE PERSEVERAR

Como puede que muchos de vosotros también hayáis experimentado, las dificultades parecían tan grandes que había días en los que no quería hacer nada. Sin embargo, seguí perseverando, enseñando e impartiendo clases porque siempre había señales y oportunidades que me decían que todo iría bien. Sorprendentemente, a veces cuando estaba físicamente enferma me encontraba bastante bien durante las clases y me desmoronaba entre una sesión y otra. Los maestros de mi reino interior, como El Morya, St. Germain y el Gran Director Divino, siempre han estado a mi disposición. No tengo todas las respuestas. Soy una guía. Mi deseo es ayudarte a encontrar el camino.

En un momento anterior de mi carrera perdí todo lo que me importaba: mi matrimonio, mi trabajo, mi dinero y, finalmente, mi casa (que yo pensaba que sería mi seguro de jubilación). Cada vez que estaba segura de que «esto» era el fin, pasaba algo que me convencía de que todo iría bien y que me esperaban cosas mejores.

A veces puede que te sientas así. No olvides nunca que vale la pena vivir la vida. Algunas personas que han abandonado este mundo por su propia mano se han manifestado a través de mí para decirme, por ejemplo: «Me quité la vida para hacer daño a mi mujer». No puedes hacer daño a nadie más que a ti mismo si abandonas y te rindes. Los guardianes de los registros han dejado claro a más de uno de mis clientes que si tienen muchísimas ganas de «volver a casa», probablemente no están haciendo el trabajo que vinieron a hacer. Sigue preguntando a tus ángeles y guías: «¿Qué puedo hacer para ayudar?». En mi sitio web hay meditaciones gratuitas que pueden ayudarte con esto. Una de estas maravillosas meditaciones gratuitas es la del Gobierno Divino. También la puedes escuchar en SoundCloud.

Encuentra una forma de realizar el servicio que has venido a hacer. Aprende a conectar con tu yo superior para poder adquirir la habilidad o las habilidades que te permitirán prepararte para el trabajo que harás. Aunque no hagas nada más, la conexión con el yo superior te ayudará a saber lo que necesitas saber. Estudia con los maestros que te resulten beneficiosos y te ayudarán a saber cuándo necesitas conocer los siguientes pasos. La dedicación de las seis semanas (para adquirir la conexión con el yo superior) es un precio insignificante por un regalo que te acompañará el resto de tu vida. A partir de ese momento, podrás conectar siempre con tu yo superior.

«¿Este trabajo contribuye a mi mayor y más elevado bien? ¿Y leer este libro? ¿Y hacer este curso? ¿Y estudiar con este maestro?».

Cuando haces el trabajo que has venido a hacer te inunda el amor hasta el punto de hacerte imparable. Así es como sabes que ESTÁS haciendo lo que viniste a hacer. Sí, todos los que estamos haciendo el trabajo que vinimos a hacer estamos llenos de tanta luz que nada nos puede parar. También somos imparables colectivamente, tanto tú como yo. Yo te necesito y, con suerte, estarás de acuerdo en que tú me necesitas a mí. ¡Estamos juntos en esto! La vida seguirá y emergeremos de este canal de parto en la magnífica era dorada que siempre hemos deseado. No siempre es fácil, pero sin duda vale la pena.

Podrías decir que ocurren cosas malas y, obviamente, las situaciones y los eventos pueden afectarte. Esto no te gusta. Y yo te digo que no *tiene* que gustarte, pero puedes decidir que no vas a dejar que te controle. Cuando tienes emociones identificadas en líneas generales como miedo, resentimiento, ansiedad o ira, puedes decidir lo que ocurrirá a continuación.

MIEDO, ANSIEDAD Y RESENTIMIENTO

La ciencia ha podido explicar algunas cosas bastante significativas sobre las emociones del miedo y la ansiedad. El miedo corresponde al peligro real de una amenaza física; la ansiedad es el peligro anticipado derivado de una amenaza percibida. El miedo es una respuesta física y hace que actúes, que tomes medidas para escapar o luchar. La ansiedad es una respuesta emocional que puede hacer que te ralentices.

Los neurocientíficos nos dicen que el miedo y la ansiedad se distinguen en el cerebro y ambos comienzan con cambios en la amígdala, un órgano con forma de almendra situado en el centro del cerebro. La importancia de su forma tiene relación con la *vesica piscis*, que se produce cuando dos círculos del mismo radio se intersecan de manera que el centro de cada círculo está en la circunferencia del otro. Se cree que esta forma es el origen de la vida y se ha escrito mucho sobre ella en libros de geometría sagrada. Estas dos emociones —el miedo y la ansiedad— parten físicamente de receptores distintos y están ocasionadas por diferentes centros y sustancias químicas del cerebro. Las dos estimulan tanto una respuesta autónoma como una respuesta no autónoma.

Es importante entender esto porque ambas son perversiones del «tiempo»: se basan en nuestra capacidad de recordar o de proyectar y no tienen nada que ver con estar en el momento presente. Encontrar formas de permanecer en el presente te ayudará a alejar el miedo y la ansiedad. Alcanzar un equilibrio físico por medio de ejercicios como el *qigong* (o *chikung*) o dar paseos por un parque te sincroniza con el «ahora». ¿Alguna vez te has preguntado el porqué del aumento de las recetas de ansiolíticos en Estados Unidos, donde más de cuarenta millones de personas toman algún tipo de fármaco para aliviar la ansiedad (entre un ocho y un diez por ciento de todas las recetas extendidas)?

A veces, el miedo se basa en el resentimiento o el juicio. Puede ser indignación o se puede sentir como resultado de una injusticia real o imaginada. El resentimiento es más complicado que lidiar con la ausencia de perdón, ya que conlleva una sensación de «tener derecho» que te hace pensar que tu situación es de alguna manera justificada o digna.

El resentimiento es una perversión de la humildad, ya que actúa como un sentido de falsa modestia que se asienta en una base de poder en lugar de en una verdadera humildad. Cuando trates de eliminar el resentimiento, intenta comprender ese «pequeño yo» que está atrapado en la ira con aires de superioridad y que legitima al ego. Elige *no* sentir ira. Solo entonces se disipará el resentimiento. Intenta entonces comprender tu sentimiento de tener derecho. Procura entender por qué crees que tienes algún derecho con respecto a una situación o una persona. Reconoce a los demás por hacerlo lo mejor que pueden. Recuerda que de aquellos que tienen mucho, se espera mucho. Nunca existe la igualdad de condiciones. Si sabes más, se espera más de ti, sin resentimiento.

Establecerse en el victimismo también es una perversión de la humildad, ya que se presupone la inocencia propia y la culpabilidad del perpetrador. Pero, en realidad, la situación nunca es completamente unilateral. Incluso los que no han participado en la afrenta pueden haber contribuido a crear la oportunidad (en niveles internos) por motivos desconocidos para ambas partes.

Veamos el siguiente ejemplo de una clienta que trabaja con los registros akáshicos. Una mujer que había sufrido abusos sexuales por parte de su padre preguntó a sus guardianes de los registros (en una sesión conmigo como guía):

—¿Qué he hecho yo para merecer los abusos de mi padre?

Los guardianes de los registros declararon:

—Eres un ser muy elevado. Elegiste poner fin a la locura y viniste a esta familia para que los abusos no se repitieran.

A esto, ella respondió:

—¡Madre mía, es verdad! Cuando mi padre iba en busca de mis hermanas pequeñas, yo siempre me interponía y me ofrecía en su lugar para que no les hiciera daño.

Recuerda, es tu juicio sobre una situación lo que te impulsa en última instancia a definirte como una «víctima» o no. En este caso, la mujer realmente era una voluntaria del más alto nivel. Era un alma tan evolucionada que sabía que podría sobreponerse a esos horribles abusos y sanar para salir ilesa.

¿Y SI PUDIERAS CONTROLAR TU RESPUESTA?

Las emociones pueden descontrolarse porque hacen que una persona se centre en la *emoción* en lugar de en el presente cuando revive una experiencia. Esto puede crear un patrón circular de ansiedad que se perpetúa y se intensifica. Todo en el universo está en constante movimiento y cambio. Todo en el universo quiere evolucionar, incluida la emoción, que cobra vida gracias a tu *loosh*.* Si no sabes dirigirla, tomará el camino que oponga menor resistencia. La «programación» para lidiar con la ansiedad a través de la medicación es solo una de las posibles soluciones, pero hay muchas otras.

¿Y si pudieras utilizar tu poder interior para controlar las emociones? Parece que las emociones se perpetúan a sí mismas porque los humanos somos expertos en crear emociones. Esta parte de la chispa divina que llevamos dentro nos convierte en cocreadores. Puedes aprender a cocrear con tus emociones, pero antes debes aprender a observar y modificar las que tienen que ver con tus debilidades para *poder* ser el cocreador que estás destinado a ser.

Hay seres con fines oscuros que se benefician del miedo y la preocupación. Saber que existe un beneficio para seres cuyos planes son contrarios a los tuyos resulta útil para reforzar tu determinación. Hay un motivo de peso, y te recomiendo revisitar ese debate también en la publicación del blog que se indica a continuación.**

---

* *Loosh* es un término acuñado por Robert Monroe, escritor y fundador del Instituto Monroe, donde se investiga la conciencia, para describir una gran infusión emocional de energía de luz en el cuerpo. Literalmente podría corresponder al miedo, pero, en el caso de los humanos, incluye la «chispa divina». Existe una manifestación física de *loosh* negativo, el adrenocromo, el cual ha supuesto un gran problema para la humanidad y sobre el que se ha escrito mucho. Hablaremos sobre el *loosh* con más detalle en el capítulo cinco.
** Para acceder a un análisis detallado sobre este tema, consulta la siguiente entrada de mi blog (en inglés): www.maureenstgermain.com/your-fear-and-worry-create-negative-loosh-2.

¿QUÉ SON LAS EMOCIONES Y POR QUÉ FUNCIONAN?

La emoción es el combustible de la creación, energía en movimiento. La emoción es *chi** capacitado (*chi* infundido con un propósito), que te permite expandirte y experimentar más. Las emociones son el motor de la manifestación; permiten incorporar y volver a experimentar situaciones que pueden ser agradables o dolorosas. La creación a partir de las emociones positivas es una conocida técnica de manifestación. En el método de manifestación del sistema del genio, que puedes consultar en mi libro *Be a Genie* [Sé un genio], la energía emocional es uno de los tres elementos más importantes que se emplean para manifestar. (Los otros dos tienen que ver con la conversación en tiempo real y la visualización).

Las emociones toman la elevada «energía divina» universal, o *chi*, y le atribuyen un propósito. El *chi* es una energía universal ilimitada que se encuentra en todas partes. Sabemos que la biorretroalimentación se puede usar como una herramienta para transformar las respuestas autónomas del cuerpo de forma que reaccione a ciertas órdenes. Yo he creado la meditación 5D Mind Mastery ('maestría de la mente de 5D'), que incluye sincronización de ondas cerebrales junto con entrenamiento autógeno para enseñar al cuerpo a responder a tus órdenes. El entrenamiento autógeno es una herramienta científica ampliamente documentada que se utiliza desde hace más de medio siglo. Mi meditación 5D Mind Mastery es similar a la creada por el doctor Norm Shealy, neurocirujano y fundador de American Holistic Medical Association, pero con la adición de pulsos binaurales, una técnica de sincronización de ondas cerebrales.

---

* N. de la T.: En algunas filosofías orientales, el flujo de energía vital se denomina *chi* o *qi*.

El dominio de las emociones puede resultar más fácil de lo que piensas, y utilizarlas para contribuir a cumplir tu misión te lleva a tu yo de quinta dimensión.

CREAR CON EMOCIONES FUERTES: TRISTEZA O ALEGRÍA

Las emociones alegres pueden ampliar e impulsar las manifestaciones basadas en la alegría. Las emociones tristes producen fracturas en los campos energéticos que generas, aunque no te des cuenta. Al hacerlo, creas una «barrera» para sostener y mantener la parte fracturada en lugar de sanarla. El quiropráctico holístico Brad Nelson identifica claramente esta conexión en su trabajo con el código emocional. Entonces, el *chi* capacitado (la emoción) se desperdicia y se crea una «falsa» sensación de seguridad. Con certeza, las emociones deben expresarse y liberarse, no contenerse y utilizarse para crear barreras.

Las emociones también pueden crear vórtices en la matriz espaciotemporal. A estos portales, o vórtices, se puede acceder mediante la conexión de dos de las tres posibles intersecciones. Las tres intersecciones son tiempo, ubicación y conexión pasada. Si alguna vez has visitado un lugar donde se hayan vivido muchas penurias y sufrimiento, puede que hayas comprobado que el acceso a la energía atrapada en esa ubicación puede activar experiencias del pasado o de vidas anteriores. Una explicación simple para esto es que estuviste allí en otro tiempo. Tu presencia en un lugar donde experimentaste un gran trauma (en esta vida o en otra anterior) te permitirá viajar a ese tiempo en esa ubicación. Puedes usar las conexiones con una época difícil, ya sea del pasado o de una vida anterior, para sanar ese trauma. Y, lo que es más importante, recuerda que las emociones son la energía de las expresiones (propósito energizado) y que las puedes usar como consideres adecuado. Algunos tipos de emociones son más fáciles de entender debido a sus profundas raíces.

¿QUÉ OCURRE EN REALIDAD?

Veo que esta energía de la expresión humana tiene cierta progresión. Comienza como una implosión, o un viaje hacia dentro. Es entonces cuando se producen la reorganización y la reinvención. Como veremos más adelante, la mitosis celular refleja perfectamente este proceso: va hacia dentro tras la explosión de una manifestación hacia fuera. Este ir hacia dentro te permite emerger con el reconocimiento propio de quién eres y el autodescubrimiento de todo tu potencial después de tu viaje interior.

Permíteme explicar este proceso de la mitosis celular. Piensa en la concepción y en la explosión de la creación. Después, viene la división celular que da lugar al proceso de nacimiento. *Cuando* el óvulo y el espermatozoide se fusionan en la concepción, eres tú surgiendo para manifestarte. *Después,* la célula original se divide para dar lugar a otras células, con lo que se producen dos, luego cuatro y luego ocho. De acuerdo con la geometría sagrada, dos se convierten en cuatro con una forma tetraédrica y luego se forman ocho para dar lugar a la estrella tetraédrica. Pero cuando se alcanza cierto tamaño en la siguiente división (dieciséis células), la división celular se dirige hacia dentro. Con dieciséis células se forma la esfera externa junto con el núcleo central, que después se convierte en todos los órganos internos. En todos los casos, la primera expresión es hacia fuera. La expansión externa continúa hasta que la expansión interna toma el relevo para integrar todo lo aprendido y descubierto.

La humanidad se está transformando en seres de quinta dimensión, junto con una Tierra de quinta dimensión, en una experiencia compartida. Gaia está preparada y a la espera de que se produzca la masa crítica. Recuerda, no se puede transformar todo de la noche a la mañana. Recuerda también que los humanos por lo general seguimos una onda sinusoidal en relación con nuestra evolución, pasando de expresiones ideales a las antiguas expresiones familiares y de vuelta a una expresión ideal incluso más elevada. Como explico en el libro *Despertar en la 5D*, es como ser adolescentes. Cuando finalmente expresan sabiduría sientes un gran alivio, hasta que van y hacen algo estúpido. Y después dan un paso más adelante. La humanidad y la vida evolucionan y se desplazan por el cambio de una forma similar.

Aunque lo habrás escuchado antes, vale la pena repetirlo. No eres tu cuerpo terrenal. Eres un ser cósmico, una mariposa que antes fue una oruga. ¡Quién sabe lo que serás cuando finalmente salgas de la crisálida!

2

Curiosidad y alegría

Permite que la curiosidad llene tu vida de gozo. Cuando tienes verdadera curiosidad, tienes alegría. Cuando tienes curiosidad, no estás en el juicio. Cuando ocurre algo que no entiendes, ¿te apresuras a etiquetarlo? ¿O te preguntas qué está pasando? Regálate la práctica del asombro, de la verdadera curiosidad.

CONSEGUIR TU MÁXIMA ASPIRACIÓN

Pregúntate cuál es ahora tu mayor prioridad (en relación con cosas que quieres lograr). Voy a enseñarte cómo alcanzarlo o resolverlo, sea lo que sea. Tendrás que trabajar conmigo, y lo mejor es que vayas más allá de simplemente leer este libro como entretenimiento (aunque eso también funcionará, ya que compartiré buena parte de mi historia a lo largo del camino).

¿Sabes cuál es tu misión en la vida? Yo conozco la mía, pero no siempre ha sido así. Quería resultar útil a los demás y quería marcar una diferencia. Si estás leyendo esto, puede que te ocurra algo parecido.

En 1994 estaba de viaje con un grupo de personas en una visita de familiarización. La idea era recorrer la propiedad de un hotel con el objetivo de convencer al grupo de que eligieran dicho hotel para una convención. Es habitual en el sector turístico que los planificadores de reuniones y los agentes de viajes organicen este tipo de visitas. Yo actuaba como administradora voluntaria, y mi misión era organizar una importante reunión anual que solía tener lugar en centros turísticos de ese tipo.

Me invitaron a un viaje de familiarización (lo cual está relacionado con una historia de manifestación que compartiré más adelante). Pero *antes* quiero dejar claro que esa necesidad de conocer mi misión era literalmente lo más importante en mi mente en aquel momento de mi vida. Era la orgullosa mamá de cuatro hijos adolescentes (el más pequeño tenía once años). Mi matrimonio de veinticinco años había finalizado hacía uno, y tenía un trabajo nuevo que me encantaba. La invitación para ir a un lugar bonito como Acapulco era muy atractiva, especialmente porque el precio me encajaba (¡era gratis!).

Una de las noches durante el viaje, las actividades incluían la cena y, después, una salida a una discoteca cercana. De repente, durante la cena no me encontré bien, pero tenía muchas ganas de ir a la discoteca para bailar la *Macarena* (que estaba muy de moda en el momento). Esperando encontrarme mejor, me retiré con la promesa de volver a tiempo para ir a la discoteca si mejoraba.

La anfitriona me dijo posteriormente: «Cuando saliste de la habitación, fue como si las luces se apagaran. Tienes tanta luz y alegría que todos lo pasamos bien mientras estabas con nosotros. Pero luego, cuando te fuiste, la cena dejó de ser interesante». En ese momento, me di cuenta de que se me había concedido un enorme regalo. ¡Esa era la respuesta a mi búsqueda! Tenía que aportar alegría a los demás con mi curiosidad sobre ellos, mi sabiduría, mi ingenio y mi luz.

A medida que pasaban los años, albergaba mi misión en el corazón, independientemente de dónde estuviera o con quién. Fuera a donde fuera, si me sentía incómoda o no conocía a nadie, mi misión consistía en conectar con otras personas y ser curiosa. Me daba cuenta de que mi curiosidad podía ser contagiosa. Podía iluminar la habitación con amor, una sonrisa, preguntas amables y alegría. Pronto fui consciente de que los demás ansiaban lo que yo les aportaba y de que podía «cumplir mi misión» en cualquier parte. Me di cuenta de que mi deseo de servir se estaba convirtiendo en la habilidad de mostrar a cada persona con la que me encontraba que era *adorable*.

A lo largo del camino, no siempre fui perfecta. Lo hacía lo mejor que podía como madre y aprendí que ser madre requería un pensamiento rápido. Cuando mi tercer hijo, superinteligente y aburrido, suspendió Álgebra II por tercera vez en la escuela de verano, le pregunté una vez que comenzaron las clases en otoño si había entrado en la clase de programación que quería.

—Sí —me contestó.

Y le dije:

—Bueno, eso significa que aún no han terminado los trámites, pero pronto será así. Te llamarán a la oficina de orientación y te dirán que tienes que dejar esa clase porque no reúnes los requisitos.

Había faltado un día de la última semana a la escuela de verano y, al parecer, les habían repetido hasta la saciedad a los alumnos que, si faltaban algún día, no tenían que molestarse en volver. Cuando me enteré de que no había ido el segundo día de la última semana después de asistir a cuatro horas de clase diarias durante cinco semanas, me preocupé bastante, pero él simplemente se encogió de hombros. Sabía que podía llevar bien la asignatura, pero no hacía los deberes y por eso suspendía una y otra vez. Le pregunté:

—Ahora que llevas unos días asistiendo a la clase de programación, ¿qué tal te va y cómo es la relación con el profesor?

Me respondió:

—El profesor está encantado conmigo y me va genial.

Le di instrucciones precisas sobre cómo gestionar lo que ocurriría a continuación.

—Bien, entonces, cuando te llamen a la oficina de orientación, el orientador te explicará que no reúnes los requisitos previos para la clase de programación. Asiente con respeto y pregúntale si podrás permanecer en esa clase si consigues que el profesor de programación te firme un permiso para poder asistir. El orientador accederá porque no podrá imaginarse que alguien que ha suspendido Álgebra II tres veces va a conseguir un permiso del profesor de programación. —Continuando con mis instrucciones, le dije—: Entonces, ve a ver al profesor de programación con esta información y pídele que te firme un permiso».

Posteriormente, mi hijo me contó que el profesor de programación le dijo:

—¿Estás de broma? Eres el mejor alumno que he tenido jamás. ¡De ninguna manera vas a perderte mi clase!

¿Qué se te da bien pero no te sientes capacitado para hacer? ¿Qué «certificado» o formación no tienes y te gustaría obtener? ¿En qué te dicen los demás que eres bueno? ¿A qué estás esperando? Muchas personas opinan que el motivo de que Dolores Cannon, la mundialmente famosa especialista en regresiones a vidas pasadas, hipnoterapeuta y escritora de diecinueve libros sobre asuntos metafísicos, tuviera tanto éxito con la hipnosis era que no había recibido mucha educación. Su falta de formación profesional en realidad hacía que fuera más curiosa y estuviera más abierta a la inmensa cantidad de conocimiento que se manifestaba a través de su dedicado trabajo.

En aquella misma época, recuerdo hablar con mi hermana y quejarme sobre una conocida autora que me encantaba y a la que seguía, la cual había publicado una meditación audioguiada que me resultaba muy difícil de escuchar. Su voz no era agradable y, aunque el contenido era maravilloso, solo pude escucharla una vez. Cuando se lo contaba a mi hermana, le dije:

—¡Yo podría hacerlo mejor!

Y ella me contestó:

—¿Qué te lo impide?

Ahora, podría preguntarte, querido lector, ¿qué te impide alcanzar tus sueños? Ahora me toca a mí plantearte la cuestión. ¿Qué te impide ser quien se supone que deberías ser? Puede que no creas que tienes un trabajo importante, pero piensa en esto: aunque tu labor sea cuidar de tu familia, si eres quien mantiene a la familia unida puedes empezar a enseñar a un sobrino o una sobrina para que asuma tu papel y te ayude. Tienes un trabajo importante. La familia es la columna vertebral de la sociedad, y tú marcas una diferencia en tu familia y tu comunidad. Puede que pienses que todos los seres humanos saben esto, pero a veces no recordamos o no reconocemos el valor de los cuidadores.

Tal vez seas quien inspira a los demás en un grupo de estudio de un libro. Quizá te gustaría liderar un grupo de estudio, pero no sabes cómo empezar. La forma más fácil es iniciar un club de lectura en una tienda de libros o una biblioteca local. Ofrece tus servicios de forma voluntaria hasta que estés preparado para enseñar a un público más amplio. Cuando me mudé a una nueva comunidad y no tenía «amigos con ideas afines», inicié un grupo de estudio de libros que me permitió conocer gente y hacer amigos que han permanecido a mi lado mucho después de que el grupo se disolviera.

Recientemente fui a una reunión de antiguos alumnos. Me reencontré con muchos compañeros de clase con los que había perdido el contacto a lo largo de los años. Algunos de mis amigos más cercanos del instituto se tomaron el tiempo de buscarme y averiguar a qué me dedicaba. Como me dijo la amiga que me invitó a la reunión: «Maureen, no creo que nadie de nuestra clase entienda lo que haces».

Cuando uno de los compañeros, en un intento por resultar inclusivo, habló sobre «compartir creencias, ideas y tolerancia», sonreí y dije: «Yo no comparto nada sobre lo que creo a menos que me paguen». Los dos nos reímos y él se dio cuenta de que no iba a intentar darle sermones a él ni a nadie y que estaba allí para disfrutar de la amistad y aportar luz a la estancia haciendo honor a quienes estaban allí presentes. Fue divertido recordar sus logros, ayudarlos a sentirse queridos e importantes y hacerles saber que eran adorables.

DEMUESTRA QUE TE IMPORTA

¿Qué pasaría si enfocaras todas las interacciones con la idea de que es tu trabajo aprender sobre la otra persona y ayudarla a sentirse importante? ¿Cuánto poder tendría esto? No creo que nadie se interesara por mis libros o sobre qué trataban. Una persona me preguntó el título de uno de ellos y lo anotó. Nancy, mi amiga, lo compró, pero dijo que era «muy profundo» y que no lo había terminado. Yo simplemente me reí. ¡Me alegró tanto que lo comprara! Y sé que alguien de su entorno lo *leerá*.

Otro de mis amigos más cercanos del instituto que estaban en la reunión (un abogado) me dijo que lo mencionó en una cena y le sorprendió que sus amigos «sabían de todas esas cosas».

¿Recuerdas que prometí contar cómo manifesté mi viaje a Acapulco? En mi primer libro, *Be a Genie*, detallo cómo se utiliza la geometría sagrada, la física cuántica y otras materias para manifestar cosas en la vida. Lo llamé el «sistema del genio».

Cuando estaba reuniendo el material para ese libro, elegí conscientemente probar lo que me estaba llegando de la Fuente. En las primeras etapas de mis exploraciones sobre el sistema del genio, decidí usarlo para ganar un concurso. El objetivo era poner nombre a una nueva sala de reuniones (salón de actos) para la cadena hotelera Princess. Esta sala de reuniones pública se estaba construyendo en el hotel Southampton Princess en Bermudas. La nueva construcción era un complejo de vanguardia diseñado específicamente para los muchos congresos médicos que se celebrarían allí.

El concurso estaba abierto a los miembros de la comunidad de asociaciones. Mi puesto como directora ejecutiva de una asociación profesional nacional me permitía participar. El gran premio era un viaje gratis al hotel. Utilicé las técnicas sobre las que luego escribí en mi libro *Be a Genie*. Mi apoyo visual era una imagen de mí en la playa mirando el precioso océano. Utilicé una foto que recorté de una revista. En ella se veía a una mujer en una silla de playa mirando el océano. Me imaginé que el hotel que había a mis espaldas era maravilloso y su salón de actos tenía el nombre que yo le había puesto. Meditando sobre ello cada día al principio, pronto el nombre perfecto apareció en mi mente, así que lo envié al concurso.

Cuando anunciaron el ganador me sorprendió mucho comprobar que no era yo.

No podía creerlo. Yo *sabía* que había ganado. ¡Debía de haber algún error! Decidí no enojarme y olvidarlo. Pensé que podrían existir muchas razones por las que elegir a otro ganador, ya que el nombre seleccionado era bastante habitual.

Más o menos un año después me invitaron a una visita de familiarización a Acapulco. El agente de viajes con el que trabajaba me dijo que tenía que pagar cien dólares de tasas, pero por lo demás el viaje era completamente gratuito. Nos alojaríamos en un hotel de primera categoría. Conocía esa empresa lo suficientemente bien como para saber que su oferta era legítima y decidí ir al viaje sin investigar los detalles.

Cuando llegué al hotel algunos meses más tarde con el grupo, me sorprendí gratamente. Se trataba del Acapulco Princess, perteneciente a la cadena hotelera Princess. Cuando entré en mi habitación había un bonito folleto sobre la cama donde aparecía su nuevo salón de actos. «Vaya —pensé—, es igual que el salón de actos que construyeron el año pasado en las Bermudas. Han utilizado el mismo plano arquitectónico».

Me pregunté qué nombre le habrían puesto. Lo has adivinado, era el nombre que yo había enviado, el que «no había ganado» el concurso para el Southampton Princess. Allí me encontraba, a escasos momentos de estar sentada en la playa, en el hotel que tenía un salón de actos con el nombre que yo había enviado para una sala idéntica en las Bermudas. ¡Y había sido invitada por la dirección del hotel! Había recibido mi premio.

¿Coincidencia? No lo creo. Tenía pruebas. Había otra manifestación que confirmaba la eficacia del sistema del genio. Esta historia oculta algo más. No sentí indignación ni hice juicios sobre el «error» de no utilizar mi nombre para el salón de actos del concurso. Simplemente, lo dejé ir. Si quieres saber más sobre el sistema del genio, consulta mi libro *Be a Genie*.

3

Aprendizaje de grandes secretos

¿Alguna vez te has preguntado qué es realmente la consciencia? ¿Cómo puede ser que seamos conscientes de nosotros mismos y pensemos que el reino animal no es consciente de *sí mismo*? En el mundo animal, sabemos que existe cierta capacidad innata en los animales de compañía para encontrar a sus amos o animales que regresan a ciertas áreas de las que son originarios.

Ciertamente, no nos comunican su conocimiento de la consciencia. Sin embargo, sabemos gracias a la observación del fenómeno de los animales que regresan a un antiguo hogar y otros comportamientos asociados que debe de existir alguna fuerza dentro de ellos que genera la capacidad de «localizar» a sus amos o los lugares migratorios a los que viajan. Sin duda, existe algún tipo de consciencia en el reino animal, al igual que en el género humano, aunque aún no la comprendamos.

¿QUÉ ES LA CONSCIENCIA?

La consciencia es inmutable, presente y observable. Una prueba de tu consciencia innata es la incapacidad de cometer suicidio reteniendo la respiración. En el momento en que pierdes la consciencia, los sistemas autónomos toman el mando y la respiración se reanuda.

Recientemente accedí a los registros akáshicos para preguntar «¿qué es la consciencia?», y esta es la respuesta que obtuve:

> La consciencia es el conocimiento que atraviesa el pensamiento humano. Es la notable capacidad de alcanzar el conocimiento con o sin un cuerpo. La consciencia es el conocimiento de uno mismo, ya sea de forma ilimitada o limitante. La consciencia busca la autovalidación. La consciencia conoce la experiencia a través del conocimiento. Puede ser de cierta ayuda explicar lo que *no* es la consciencia. No son las ideas. No es el pensamiento, la emoción ni la expresión de las emociones. La consciencia es la vida misma que se expresa en todos los seres vivos en mayor o menor medida.

Para mí, el debate sobre la consciencia es circular. Se convierte en una afirmación que hace referencia a sí misma porque la consciencia es necesaria para reconocerse a sí misma. Se requiere consciencia para pensar sobre lo que puede ser la consciencia. Sin embargo, la consciencia es claramente la vida misma.

Inicialmente, la capacidad que tenemos cada uno de nosotros de identificar la consciencia está limitada por los cinco sentidos y nuestras respuestas habituales a la estimulación normal. ¿Y qué hay de la estimulación fuera de los ámbitos normales? ¿Qué ocurre con las diversas formas de meditación? He leído que los estados ampliados que se alcanzan mediante el uso de ciertas drogas también proporcionan una consciencia ampliada más allá del ámbito físico normal.

Cuando la consciencia de una persona se expande más allá de sus propios sentidos físicos y observables, tiene dificultad para describir estas experiencias, ya que su *experiencia* está más allá de su conocimiento en el nivel *físico*. Por tanto, podemos concluir que la consciencia puede ampliar las experiencias de una persona y la experiencia de sí misma. ¿Cuánto se puede expandir? La respuesta radica en el observador.

Cuando meditamos, nos abrimos a la consciencia ampliada y empezamos a experimentar más «consciencia» de la que experimentamos humanamente en estados no meditativos. La humanidad ha vagado por la mente de Dios a través de los tiempos. Una prueba de esta misma idea procede de las tradiciones místicas y las enseñanzas de Egipto, China y la India, así como del material de Edgar Cayce almacenado en la Association for Research and Enlightenment de Virginia Beach. Esta enorme biblioteca de investigación conserva toda la base de datos de las 14.307 lecturas documentadas de Edgar Cayce, así como cientos de libros escritos sobre el uso de la información contenida en dichas lecturas.

La consciencia humana se expande cuando se utiliza la mente para revelar su verdadera naturaleza espiritual. ¡La consciencia es la Fuente! Creo que elegimos ser humanos cuando elegimos expandir la consciencia. Si incorporamos los descubrimientos de los científicos del siglo pasado (Max Planck, entre otros) en el debate, empezamos a entender que si la materia no existe realmente (de acuerdo con los físicos), solo existen los pensamientos. Y si los pensamientos son el producto de la consciencia, todo es consciencia. Por tanto, la consciencia es la vida misma: es Dios, y Dios es consciencia.

LA IMPORTANCIA DE LA LIMPIEZA

Muchas personas no se dan cuenta de la cantidad de intentos que se producen para que la humanidad fracase, así como de la asombrosa cantidad de velos y toxinas que acechan a la humanidad. Por eso es tan importante saber cómo limpiarte y obtener ayuda cuando la situación lo requiere. He mencionado la limpieza en mis otros libros, así que no profundizaré en ella aquí, pero es importante tener conocimiento de ella. Todo es un juego, por supuesto, pero los intentos de que la humanidad fracase son serios y se les puede hacer frente con mucha dulzura.

La intención clara te ayudará a encontrar el camino de salida de la oscuridad. Una vez, cuando tenía los teléfonos intervenidos (ahora no es así, que yo sepa), uno de mis hijos me escuchó quejarme al respecto y me dijo: «Mamá, no eres tan importante». Recuerdo que me reí mucho. Utilizo esa frase siempre que creo que una situación me intimida. ¡Simplemente, no soy tan importante!

Una de mis mejores amigas no se daba cuenta de que su marido traía energías oscuras...: ¡trabajaba en un bar y en una iglesia! ¡Ni más ni menos! Mi primer marido y yo rezábamos al arcángel Miguel como parte de nuestra práctica diaria. Buscó un segundo trabajo para contribuir a los gastos familiares y trabajaba como portero en un bar después de estar todo el día en su otro trabajo. Nunca se produjo una sola pelea en el bar en las noches que él trabajaba.

No des por hecho que solo porque tú estás limpio y estás haciendo tu trabajo, tu familia y tus amigos también lo están. He visto a mi actual marido recoger sin darse cuenta energías que no le pertenecían en una simple visita al supermercado. Lo he limpiado decenas de veces a pesar de que vive conmigo. Piensa a lo grande. Piensa en términos de ayudar al planeta. Las almas perdidas que te asaltan simplemente cumplen con su cometido, y tú cumples con el tuyo al ayudar a tus seres queridos a permanecer limpios. Y, al limpiarlos, también ayudamos a muchas de las almas perdidas a encontrar su camino de vuelta a la Fuente. *Limpiar* es la palabra que usamos para definir la limpieza de los campos energéticos (me refiero a los cuatro cuerpos inferiores de los humanos: físico, mental, emocional y etérico). Hay muchas formas de realizar ejercicios de limpieza. Puede que te resulte familiar el sahumerio o quemar un tipo especial de madera. Estos son métodos tradicionales que utilizan los Nativos Americanos. Yo enseño un método mucho más poderoso de limpieza con un cuchillo de acero inoxidable que los tibetanos enseñaron a Madame Blavatsky (y que luego se ha ido transmitiendo a lo largo del tiempo).

▶ Ejercicio de limpieza del arcángel Miguel

Este es un método que quizá no hayas experimentado. Lo enseño en mi libro *Reweaving the Fabric of Your Reality* [Cómo rearmar el tejido de tu realidad]. Empiezo con una oración; cuando realices una limpieza de entidades, di siempre con voz autoritaria: «Invoco al arcángel Miguel con sus redes de luz azul para que elimine a todas y cada una de las entidades, energías y cualquier otra cosa que [yo] pueda eliminar en este momento, y las acompañe a un lugar de evolución o disolución. También pido a los *elohim* de la Llama Dorada de la Iluminación que [me] ayuden a liberar todo lo que no pertenezca a la luz. Gracias». (Ten en cuenta que el «yo» y el «me» entre corchetes se deberán sustituir por el nombre de la persona a la que estés limpiando).

El método de *limpieza del arcángel Miguel* incluye el uso de un cuchillo de acero inoxidable que se emplea para cortar el espacio alrededor de tu cuerpo, el mismo espacio que ocupa tu aura. Asegúrate de cortar por debajo de las plantas de los pies y de sujetarte a una silla o una mesa al hacerlo. (He constatado que, aunque tengas buen equilibrio y seas flexible, si hay entidades presentes pueden hacer que lo pierdas). Después de cortar alrededor de tu cuerpo, dibuja un arco realizando un barrido de izquierda a derecha (piensa en los limpiaparabrisas de un coche) para anunciar al universo que has terminado.

También puedes limpiar a otra persona, ya que las entidades ya no tienen permiso para estar aquí en el plano de la Tierra. Esto es una distinción importante con respecto a lo que te hayan podido enseñar, por ejemplo que las acciones o las ceremonias realizadas para otras personas suelen hacerse con su permiso.

▶ Ejercicio para limpiar a otra persona

Una forma de limpiar a alguien es empezar con un trozo de papel en blanco, suficientemente grande como para ponerte de pie sobre él. Escribe el nombre de la persona en el papel y colócalo en el suelo. Sitúate a dos pasos delante del papel. Retrocede un paso y espera a sentir que la energía de la persona que vas a limpiar está detrás de ti. Retrocede otro paso y coloca ambos pies sobre el papel.

A continuación, recita la oración del arcángel Miguel anterior utilizando el nombre de la persona en lugar del tuyo. Corta alrededor de tu cuerpo de la misma forma que lo harías al limpiarte tú mismo con un cuchillo. Después, sal del papel, volviendo sobre tus pasos. En el primer paso, haz una pausa y asegúrate de sentir cómo la energía se deshace, como el caramelo masticable cuando se estira y se rompe. Cuando sientas que se separa, puedes dar el segundo paso hacia delante. Después de dar el segundo paso, espera hasta que sientas como si tu energía y la de la otra persona se separan por completo, lo que puede describirse como sentir que está «todo despejado». Asegúrate de quemar o romper en pedazos el papel con el nombre de la persona cuando termines.

En un caso, Kim recibía llamadas constantes de su hermana para pedirle que «la limpiara». Su hermana trabajaba en un servicio de asistencia telefónica para clientes y necesitaba limpiezas frecuentes, por lo que decidió guardar el papel. Kim recibía tantas solicitudes que pensó que sería más práctico guardar el papel con el nombre, que se supone que hay que romper o quemar. Pensó que le ahorraría tiempo cada vez que recibiera una solicitud. Lo que Kim no comprendía es que la limpieza quedaba «incompleta» por el hecho de guardar el papel y por eso tenía que repetirla a menudo. Me pidió que preguntara a mis guías «qué estaba ocurriendo». Cuando descubrí que guardaba el papel para reutilizarlo en la siguiente limpieza, Kim se dio cuenta de su error.

En cuanto a los sahumerios, yo no utilizo salvia ni palo santo como herramienta de limpieza porque el cuchillo de acero inoxidable es mucho más efectivo para limpiar entidades. (No obstante, la salvia y el palo santo tienen unas propiedades antibacterianas, antifúngicas y antivirales maravillosas).[*]

Y, finalmente, también existen maneras de limpiar a otras personas de forma remota, las cuales pueden ser conscientes o no de que realizas este trabajo. La limpieza remota está permitida por las leyes cósmicas, ya que estas entidades o energías que se limpian no pertenecen a este plano de la Tierra y deben abandonarlo. Puede que alguna vez hayas superado el límite de velocidad al conducir. ¿Por qué lo haces? La respuesta es «porque puedes». Normalmente, no te quitan el carné si te pillan. De igual forma, cuando una entidad que habita en otra persona utiliza tu energía para causar problemas, tienes motivos fundados para pedir al arcángel Miguel que expulse esa energía. No tiene permiso para estar aquí y tú tienes todo el derecho de expulsarla con la ayuda del arcángel Miguel.

---

[*] Si decides realizar estos ejercicios de limpieza por tu cuenta, te sugiero ver mi vídeo de YouTube sobre la limpieza de energías. En él encontrarás instrucciones sobre cómo limpiarte a ti mismo o a otra persona de forma remota. Además, si deseas recurrir a nuestro equipo de limpieza, encontrarás expertos especializados en la limpieza de energías. He trabajado con todos ellos durante un período de entre quince y veinte años. Son personas muy íntegras, profesionales y de confianza.

LOS CHAKRAS DE LOS CINCO RAYOS SECRETOS

Muchas personas no conocen los chakras de los cinco rayos secretos, que son herramientas muy poderosas que puedes añadir a tus conocimientos. Puede que te interese aprender a activarlos y usarlos. Es importante entender que estos chakras tienen varios propósitos.

Los chakras de los rayos secretos se utilizan para proyectar la energía de la Fuente a través de ti hacia el campo energético que te rodea o hacia otra persona. Uno de los propósitos de estos chakras es proyectar energía hacia fuera y activarte. En segundo lugar, puedes emplearlos para limpiar y mover la energía en los demás. Esto puede resultar sanador de diversas maneras. Estos chakras se encuentran en el centro de las palmas de las manos y en el centro de los pies, junto al arco. El quinto está situado en el lado izquierdo del abdomen, a la altura del bazo. El estudio de estos chakras como herramientas poderosas no es común. Las personas utilizan las manos para proyectar sanación, pero no saben que esta energía procede de estos centros de poder.

Existen muchas referencias a estos cinco chakras, como la ubicación de las heridas de Cristo. Cuando sostienes a un bebé con el brazo izquierdo, le aportas energía desde el chakra del bazo. Los bebés que son amamantados también reciben esta inyección de energía cada vez que se alimentan en el lado izquierdo. Puedes estimular los chakras de los rayos secretos de forma proactiva para que proyecten energía cuando los actives conscientemente. Una forma de hacerlo es dar golpecitos suaves en el centro de las palmas y, después, proyectar la energía que emana de ellas.

El trabajo de los cinco rayos secretos está vinculado a los chakras de los rayos secretos. Es un «regalo oculto» conectado al funcionamiento de los chakras de los rayos secretos. Estos regalos te permiten circunvalar los puntos habituales de prueba y obtener la maestría sin habértela ganado. Son, literalmente, puntos de luz de gracia que te impregnan de todo el amor y la luz de los maestros que se mencionan a continuación. Si se invocan con regularidad, puedes utilizar los chakras de los rayos secretos para bendecir, sanar y contrarrestar la energía negativa. Si trabajas con esta energía, puede que descubras que tu humildad aumenta y que tu conciencia interna se hace más poderosa.

Caminar sobre la Tierra con los pies desnudos es beneficioso tanto para ti como para ella. Cuando conectas tu energía con la Tierra, activas el chakra estrella de la Tierra (situado unos centímetros por debajo de tus pies) con la Tierra, además de los chakras de los rayos secretos de los pies. Esto hace posible la comunicación directa con la Madre Tierra y te permite empezar a experimentar la conexión con ella y con toda la vida que contiene.

Los chakras de los rayos secretos te ayudarán a controlar y limpiar las experiencias, los recuerdos, las heridas y los prejuicios más profundamente enterrados que te impiden expresar tu verdadera divinidad. Cuando realizas trabajo externo con los siete chakras, procesas en el centro (de cada chakra), recibes (energía e información de los demás) y te centras en absorber información de forma receptiva. Cuando utilizas los chakras de los rayos secretos, trabajas con los *elohim* desconocidos (internos) que no tienen nombre y que trabajan dentro del Gran Sol Central. Como estas energías son secretas, no se sabe mucho de ellas aparte de que puedes invocarlas y generar una energía muy poderosa. Los cinco budas Dhyani del budismo tibetano te ayudarán a activar y purificar estos chakras internos, lo cual acelerará tu maestría.

¿Qué puede ocurrir cuando empiezas a invocar estos cinco rayos secretos en tu trabajo diario? Puede que te muestres más amable e indulgente. Notarás que tus interacciones tienen una dulzura que ni siquiera sabías que fuera posible. Cantar los nombres de estos cinco budas abrirá esta energía y le permitirá purificar tu conciencia interior, tus procesos de pensamiento internos y tus expresiones externas. Se incluyen los nombres y las cualidades que evocan: Vairochana elimina la ignorancia, Akshobhya elimina el odio y la creación de odio, Ratnasambhava elimina el orgullo humano e intelectual, Amitabha elimina las pasiones (deseos, avaricia y lujuria) y Amoghasiddhi elimina la envidia y los celos.

Amoghasiddhi elimina los prejuicios, los hábitos y las motivaciones de las emociones humanas mundanas y te lleva a expresiones y estados más elevados. Literalmente, atrae a tu yo de quinta dimensión hacia ti y ancla aún más tu ser divino en tu interior. Cuando acudes a los budas Dhyani, los maestros de estos rayos te confieren poder y te ayudan a liberarte de cualquier obstáculo en el camino. De esta forma, anclas una cierta parte de la divinidad dentro de ti. He grabado un cántico en relación con esto que puedes encontrar en mi sitio web.

Los rayos secretos (de los *elohim*) se anclan a la Tierra mediante el Amado y Poderoso Cosmos, el magnífico ser que abarca todo el cosmos en su conciencia. Estos rayos transportan una increíble energía de equilibrio entre masculino y femenino, y anclan el Divino Masculino en el polo norte y el Divino Femenino en el polo sur. Se integran en un centro (refugio etérico) en el Templo de la Paz, situado sobre las islas Hawái. Para entender esto, imagina que la Tierra recibe cantidades cada vez mayores de esta energía cósmica cuanto más la invocas y la anclas en tu propio cuerpo. La Fuente encargó al Amado y Poderoso Cosmos que insuflara ánima a estos rayos secretos.

▶ Activación de los chakras

Para activar estos chakras hay que conectar directamente con el conocimiento tibetano de los cinco budas Dhyani. Podrías afirmar lo siguiente: «Invoco a los chakras de los cinco rayos secretos, los *elohim* de los cinco rayos secretos, el Amado y Poderoso Cosmos, y el Maha Chohan para que me ayuden a activar mis chakras de los cinco rayos secretos» (el Maha Chohan es el representante del Espíritu Santo, el Dios Padre-Madre).

Amoghasiddhi es uno de los Cinco Tathagatas (budas trascendentes) del budismo esotérico, también conocidos como los Cinco Jinas, y su nombre significa 'aquel cuyo logro no es en vano'. La mano derecha del buda Amoghasiddhi hace el mudra *abahaya*, que representa la ausencia de miedo ante la falsa ilusión.

El brazo izquierdo del buda Amitabha reposa extendido hacia abajo mientras el brazo derecho está flexionado hacia arriba. Tanto la mano como la cara miran hacia delante y los dedos pulgar e índice se tocan. Este mudra se utilizaba para dar la bienvenida a los muertos a la Tierra Pura.

Cuando yo invoco a los cinco budas Dhyani, prefiero anunciar de forma específica lo que les estoy pidiendo que limpien. Menciono el veneno que afecta a la consciencia humana y luego digo su nombre y añado *om* antes y después. De hecho, lo mejor es cantarlo, ya que es más fácil recordarlo todo junto de esa forma. Por eso lo he grabado para ti. Si quieres hacer esto ahora mismo, tendrías que decir: «Deseo eliminar [nombre del veneno] con la sabiduría de [nombre de los cinco budas Dhyani]». Sería así:

- Deseo eliminar el veneno de la ignorancia con la omnipresente sabiduría de Vairochana del *dharmakaya* (la gran vacuidad).
- Deseo eliminar el veneno de la ira, el odio y la creación del odio con la sabiduría de Akshobhia, comparable al reflejo de un espejo.
- Deseo eliminar el veneno del orgullo espiritual, intelectual y humano con la sabiduría de Ratnasambhava de la igualdad.
- Deseo eliminar el veneno de las pasiones de todos los deseos, la codicia, la avaricia y la lujuria con la sabiduría de Amitabha del discernimiento.
- Deseo eliminar el veneno de la envidia y los celos con la sabiduría práctica de Amoghasiddhi, la sabiduría de la acción perfecta.

Fig. 3.1. Amoghasiddhi es uno de los cinco budas trascendentes que reinan sobre los cielos de las direcciones cardinales, siendo su reino el norte.

Fig. 3.2 Amitabha es otro de los cinco budas cósmicos; reside en Sukhavati, que es su paraíso en la Tierra Pura del Oeste.

Lo ideal es cantar esto en el tono que prefieras, cantando *om* antes y después de sus nombres. En la grabación, anuncio lo que elimina cada uno, después canto *om* y por último canto su nombre. Si lo haces sin la grabación, empieza cantando *om* primero, luego su nombre, luego otro *om* y repítelo tres veces cada uno.

Prepárate para sorprenderte.

Una de las integrantes del Ascension Institute, Mona, estaba escuchando mi grabación en la playa como parte de sus tareas de esa semana, y la acompañaba una amiga. Ascension Institute tiene un programa de formación de un año de duración creado para el estudio más intensivo y la integración individual con un pequeño grupo de almas afines. Mona acababa de leer la información sobre los helicópteros negros en *Beyond the Flower of Life*. Sin previo aviso, apareció un helicóptero negro, se acercó, hizo un giro a la derecha y desapareció. ¿Por qué menciono a su amiga? Porque fue testigo.

Mona se giró hacia su amiga y le dijo que ni siquiera habría creído lo que acababa de ver si no hubiera estado con ella en la playa y también lo hubiera visto.

Recuerda, los chakras de los cinco rayos secretos son masculinos por naturaleza y proyectan la energía de la Fuente hacia donde la dirijas. No olvides que el sistema de siete chakras que puede resultarte familiar es femenino y receptivo. Lee la energía del campo que te rodea y la energía de los demás. Por el contrario, los chakras de los cinco rayos secretos se usan para enviar y canalizar energía hacia fuera. Los rayos secretos se canalizan a través del hemisferio derecho, mientras que los siete chakras principales están anclados en el hemisferio izquierdo.

CUALIDADES DE LOS CHAKRAS

MASCULINO	FEMENINO
Chakras de los cinco rayos secretos	Siete chakras
Hacia fuera	Hacia dentro
Activo	Receptivo
Líneas rectas	Líneas curvas
Eléctrico	Magnético

Puedes usar este conocimiento cuando estés trabajando con la sanación y enviando energía. Ciertos mudras y energías conducen a ciertos procesos de activación. Los chakras de los cinco rayos secretos se activan hacia fuera, proyectando la energía que envías a través de esos chakras o enviándola desde el corazón a través de los chakras. Los siete chakras de los que probablemente habrás oído hablar (base, sacro, plexo solar, corazón, garganta, tercer ojo y corona) son receptivos, y permiten leer el espacio/campo que te rodea y los campos de las personas con las que interactúas. A continuación aprenderás otra forma de activar los siete chakras.

¿CÓMO PUEDO USAR ESTO DE FORMA PRÁCTICA?

Ten en cuenta que, en primer lugar, se activan los chakras de los rayos secretos. Puedes dirigir la energía limpiadora a una persona o una situación para activar los chakras de los rayos secretos mediante la invocación de los *elohim* de los cinco rayos secretos. Después, coloca las manos delante de ti con las palmas una enfrente de la otra, separadas por unos centímetros. Abre un canal de amor y luz desde tu corazón, crea una esfera de energía(entre las manos)de *chi* activado —*chi* con un propósito— y llénala delante de ti como si fuera un globo. A continuación, invoca la luz del Gran

Sol Central, los *elohim* de los cinco rayos secretos y tus propios maestros y guías. La luz ajustará el canal cuando ordenes «que se expanda, se amplifique y se ajuste al mayor y más elevado bien» de la persona a la que lo estás enviando. Entonces, abre las manos para tomar esta esfera de energía entre ellas y espera hasta que sientas que la energía cambia. Cuando sientas que está completa, hazle un nudo como si fuera un globo y envíala a la situación o cincunstancia que hayas identificado. Si puedes, invita al receptor a que la acepte. Hay que hacer el nudo porque la has llenado de tu amor incondicional en expansión y no es necesario que se vincule a la otra persona.

K-17: EL SERVICIO SECRETO CÓSMICO

Hace muchos años me llegó (en meditación) el nombre K-17 como un maestro al que invocar para contribuir a la elevación de las iniciativas humanas para el Gobierno Divino. Como defensora de la maestría espiritual universal, he creado una meditación guiada para ayudar a los líderes de todo el mundo a alcanzar su versión más elevada. Cuando te sientas mal o decepcionado (con líderes de cualquier tipo), puedes hacer algo productivo rezando por ellos (puedes descargar la meditación del Gobierno Divino de forma gratuita de mi sitio web). Después, puedes invocar la presencia de K-17, que es el maestro ascendido que está al frente del servicio secreto cósmico en la Tierra. Llevo mucho tiempo implicada en esta práctica.

Me dieron el nombre de K-17 como un recurso. Hay muchas personas (como yo) que realizan este trabajo. Años después, encontré una referencia a él en el libro *Maestros y sus retiros*, de Elizabeth Clare Prophet. Hasta entonces, pensaba que estaba recibiendo información supersecreta y, de alguna forma, supongo que así era. Además, también me daban la información en un círculo infranqueable. Se trata de una herramienta utilizada para limitar y sellar la energía, o un área, con un muro tubular de energía impenetrable.

Posteriormente, encontré esa misma información en el libro de Prophet. Empezó cuando comencé a usar la capa de invisibilidad, a la que invoqué para poder moverme sin ser detectada. Me había ayudado de muchas formas cuando me llamaban para ir a lugares que algunos considerarían peligrosos. Sin duda, no se debe invocar la capa de invisibilidad sin comprender su efecto y su verdadero propósito. Además, nunca hay que dejarla en el sitio y siempre se debe pedir que se la lleven después de finalizar una actividad especial.

No intentes esto por tu cuenta: una de mis estudiantes estaba conduciendo una tarde por West Side Highway, en Manhattan, con otra estudiante a la que había recogido de camino a mi clase. Decidieron invocar la capa de invisibilidad sobre ellas y el coche para que no las pararan por exceso de velocidad. Con lo que no contaron fue con que otros coches se pararan delante de ellas, y se produjeron algunos choques. Las dos preguntaron a su yo superior qué estaba ocurriendo. ¿Qué fue lo que les dijo su yo superior? La capa de invisibilidad las había hecho invisibles al resto de los conductores. Tomaron nota del suceso y luego lo contaron en clase.

Puedes invocar un «círculo infranqueable» para crear un tubo de fuego blanco alrededor de una situación, un edificio o una persona a fin de evitar que algo lo traspase. Basta con nombrar la situación o la ubicación con la afirmación: «Invoco un círculo infranqueable alrededor de [indica la persona] para [indica el propósito]».

4

La Dimensión Magnánima

¿Cómo es realmente estar en la quinta dimensión? Escuché al doctor David E. Martin, un brillante empresario, economista y filósofo, hablar sobre el distanciamiento social de 2020 y, al final de la entrevista, se refirió al amor. Afirmó que no era amor cuando permitimos que alguien con algún «título» en nuestra vida —padre, madre u otra persona socialmente importante— insiste en que sus creencias también deben ser las nuestras. ¿Cómo gestionamos entonces el precepto «Honrarás a tu padre y a tu madre» de los Diez Mandamientos? Les permites tener su verdad y tú defiendes tu soberanía.

La siguiente historia que me contó una clienta y amiga muy espiritual ilustra este punto. Ella suele encontrarse en su expresión de quinta dimensión. Me escribió lo siguiente: «Esta es la experiencia de 5D. He pensado que podrías usarla en tu trabajo para describir cómo puede manifestarse aquí la 5D en los sucesos cotidianos»:

El pasado viernes por la noche asistí a un evento del consejo municipal de bellas artes de la ciudad. La energía era muy alta, y podía oír y ver la verdad en todas partes con mucha facilidad. En varias ocasiones, mis guías me hicieron decir algo a alguien que le resultaría de ayuda. Se trataba de cosas de las que no tenía forma de saber nada, excepto quizá porque me resultaba muy fácil ver la verdad con la ayuda de mis guías.

La energía de la sala iba en aumento cuando una tía mía apareció en la puerta principal. La saludé y ella actuó como si fuera a abrazarme. Entonces, cuando respondí con un movimiento para devolverle el abrazo, se alejó y me apuntó con el dedo de forma acusadora. Afirmó que no había ido a visitarla en mucho tiempo y que estaba enfadada por ese motivo. También dejó entrever que debía ir a verla pronto.

Sin pensar en absoluto, vi la verdad de la situación y le dije, con el corazón abierto de par en par y ni un ápice de sentimiento de culpa: «Probablemente no iré a visitarte», y la abracé. Mi corazón estaba tan abierto y dije la verdad con tanto entusiasmo y absoluta profundidad que, aunque sabía que debería haberse ofendido, tanto ella como las siete u ocho personas que presenciaron esto se quedaron boquiabiertas y atónitas. Ninguna de ellas pudo evitar sonreír. Podía ver cómo intentaban encajar esto en su cerebro y, finalmente, se dieron por vencidas y se unieron al extenso campo de *corazón* y *verdad* que habíamos creado juntas. Todas ellas sonreían.

Más tarde, me di cuenta de lo que había ocurrido. Se trataba de un antiguo patrón que permitía a las personas (especialmente a los familiares sureños de cierta edad) utilizar la culpa para controlar a los demás. Parecía que nos habíamos reunido para ser el antídoto de ese añejo patrón de manipulación y control. Pensé para mis adentros: «Yo no participo en este juego de la culpa», porque *la posibilidad de responder con culpa ni siquiera se me había pasado por la cabeza.*

Esto me hizo pensar en el hombre del metro que intentó quitarte el dinero (historia de Maureen incluida en el libro *Be a Genie*). Cuando dijiste «yo no hago eso», se quedó tan confundido que simplemente se rindió. ¡No se puede discutir con la verdad!

TRÁNSITO A LA QUINTA DIMENSIÓN

¿Cómo se pasa de una dimensión más baja a la quinta dimensión? Cuando realices conscientemente los ejercicios ofrecidos en este capítulo —y en otros lugares, como el capítulo dos de *Beyond the Flower of Life*—, descubrirás que te deslizas con facilidad hacia la quinta dimensión y permaneces ahí. Todas las herramientas que te he enseñado, junto con las diversas herramientas de las que te he hablado, te ayudarán a acceder a tu poder. En *Despertar en la 5D* expliqué por qué sería conveniente que dejaras de decir «tengo que...», ya que con esta afirmación cedes tu poder a quien quiera tomarlo. El esfuerzo que hagas te ayudará a alinear por completo el cuerpo emocional con el cuerpo físico. Esto, a su vez, te permitirá deslizarte por la cuarta dimensión con tanto impulso que podrás atravesar el «nexo» ascendente hacia la quinta dimensión. Recuerda que la cuarta dimensión es la zona de las emociones intensas (alegría o tristeza, por ejemplo), pero también es un portal para llegar a la siguiente dimensión. Y no olvides que puedes deslizarte de una dimensión a otra. Por ese motivo, los Nueve llamaron a las tres dimensiones (tercera, cuarta y quinta) «la Dimensión Magnánima». Invoca esto y coexiste en todas ellas.

Cuando las emociones están equilibradas, se alinean, atraviesan con rapidez la cuarta dimensión y llegan al cuerpo de quinta dimensión. De esta forma, te puedes alinear fácilmente con tu propósito más elevado y tu ser más evolucionado. Recuerda, el agujero de gusano se puede comparar con la combinación de una cerradura: todas las piezas se alinean y encajan para pasar sin esfuerzo hacia las dimensiones superiores.

Puedes lograr esta transición de diversas formas. La más fácil es empezar con una intención clara y, después, ir avanzando desde ahí. Comienza con una visualización o una intención que represente claramente los resultados de estar en la 5D y tener un cuerpo tridimensional. Tu primer objetivo es asegurarte de estar alineado. ¿Cómo se hace esto?

Observa las resistencias de tu cuerpo. Observa las resistencias de tu mente. Observa las resistencias de tu corazón. Invita a todas estas resistencias a liberarse. A veces, se liberan a través del movimiento (la somática es ideal), otras veces se liberan mediante el ejercicio (el *qigong* tiene resultados espectaculares) y otras se pueden liberar con la ayuda de diversos sanadores externos y otras terapias. Por ejemplo, se pueden emplear piedras resonantes y equilibrantes o aceites esenciales. He ayudado a crear herramientas para esto, tales como el Intention Disk de Vibranz y las mezclas de aceites AroMandalas-Orion. Tu disposición para utilizar herramientas como estas te facilitará el trabajo.

Ahora, pregúntate: «¿Tengo alguna resistencia? ¿Qué puedo hacer o usar para que me ayude a abrirme a expresiones más elevadas de mi ser?».

Este libro te ayudará a encontrar tu propia base de datos interna y acceder a ella. El cuerpo recopila información no lineal, y gracias a este libro empezarás a interpretar y comprender esta información. Ya estás recogiendo estos datos «intuitivos» a través de tus siete chakras receptivos.

Otro ejemplo de vivir en la quinta dimensión (que no es lineal) se ilustra en el caso de una joven pareja que intentaba comprar una casa en un mercado muy competitivo. Hicieron su trabajo interno y, cuando encontraron la casa que querían, sabían que había otras ofertas sobre la mesa. Pidieron a su agente inmobiliario que incluyera en su oferta una sincera carta que habían escrito para explicar por qué esa casa sería perfecta para ellos y los hijos que esperaban criar allí. Aunque su oferta no era la más alta, a los vendedores les emocionó tanto su sinceridad que decidieron vender la casa a esta joven pareja.

INFORMACIÓN LINEAL

Estamos empezando a comprender lo que significa estar en la quinta dimensión y, como hemos visto, lo equiparo a ser no lineal. ¿A qué me refiero con información lineal y no lineal? El ejemplo lineal se basa en la idea de que hay dos entradas de datos que existen para producir un resultado en la realidad. Técnicamente, esto no es completamente cierto, ya que todo es codependiente de todo lo demás. Sin embargo, aquí utilizaremos términos científicos para que resulte más fácil comprender los conceptos de lineal/no lineal. Por ejemplo, una ecuación lineal que casi todo el mundo comprende es que la distancia equivale a la velocidad multiplicada por el tiempo. Esto se expresa con la siguiente ecuación: $D = V \times T$.

La mayor parte de las personas no se dan cuenta de que en realidad están usando una fórmula conocida como la segunda ley de Newton del movimiento. Es un problema matemático simple que permite saber que a 80 km/h tardaríamos dos horas en recorrer 160 kilómetros. No obstante, aunque se trata de una fórmula simple, no tiene en cuenta otros factores como el tráfico, por ejemplo. Cualquiera que conduzca sabe cómo usar esta fórmula. Es una fórmula de relación directa, lo que quiere decir que cuando se cambian los números de un lado de la ecuación, se produce un cambio directo proporcional en los números del otro lado de la ecuación. Si se duplica la velocidad, solo se tardará la mitad de tiempo. Esto es una ecuación lineal porque cada parte de la ecuación tiene una relación directa con las otras partes. Cuando se aumenta o se duplica la velocidad, el tiempo se reduce a la mitad porque existe una proporción directa.

Por otro lado, la información no lineal representa la idea «si..., entonces...». Se da por hecho que si algo ocurre, ocurrirá la parte expresada tras el «entonces». En la mayoría de los casos (y en el método científico) se emplea la capacidad para repetir una experiencia (experimento) una y otra vez para crear la sensación de saber que si hacemos lo mismo una y otra vez, obtendremos el mismo resultado.

¿Qué pasaría si pudieras hacer lo mismo que has hecho siempre, pero con un resultado diferente? Algunos afirman que esa es la definición de locura. Sin embargo, también se sabe en física cuántica que si un investigador tiene la intención de medir una partícula, eso será lo que medirá. Por el simple hecho de cambiar su intención, puede recibir resultados totalmente contrarios a lo esperado. Es un hecho científico probado que, si se intenta medir un electrón o un fotón como partícula o como onda, la intención del investigador sobre qué quiere medir determina lo que se acaba midiendo.

LA TEORÍA DEL CAOS

La teoría del caos se puede explicar usando la analogía de un juego de palillos chinos o una bola de nieve rodante que crea una avalancha. Los factores se introducen en el sistema sin ningún cambio aparente en él. Sabemos por la ciencia que todo es mucho más no lineal (caótico) de lo que habíamos imaginado. He aquí una frase que suelen utilizar las madres: «Ponte el abrigo, que hace frío fuera y te vas a poner malo». El niño responde: «¡No me voy a poner malo!». Todos sabemos que es cierto que una persona puede salir a la calle cuando hace frío y no caer enferma. Aunque sea habitual enfermar por estar fuera con temperaturas bajo cero, no es *siempre* así.

Por tanto, esto significa que podemos crear un resultado que sea posible. Puede que no sea lo más probable, pero puede ser una posibilidad. Si te tiras por un barranco, no vas a volar. Siendo un ser humano, no puedes manifestar alas en la espalda. No obstante, hay cosas que puedes manifestar simplemente pensando en ellas. El concepto es usar la mente y, al hacerlo, considerar las posibilidades que te gustaría ver manifestadas, tanto si se ajustan a la categoría de «probabilidades» como si no. El modo lineal es una forma de organizar el pensamiento, pero limita lo que se puede esperar. La lógica en cualquier dirección también es lineal. Cuando te polarizas demasiado (izquierda/derecha, arriba/abajo), sigues atrapado en el juego de la polaridad. Intenta no entender, sino imaginar. Recuerda, la polaridad existe porque nos dio lo que queríamos. Ahora que sabemos que es posible elegir otra cosa, podemos terminar con este juego, abandonándolo poco a poco hasta que no queden más jugadores.

Los humanos originales eran seres multidimensionales que podían gestionar varias conciencias y varias líneas temporales. Tenían la capacidad de tomar la «ruta menos transitada» y la más transitada al mismo tiempo. Imagínate ser capaz de ver varios programas de televisión. Esto ya se puede hacer, y se denomina «imagen sobre imagen» (PIP, por sus siglas en inglés). Es una tecnología que ya se puede encontrar en los televisores. Esto ayuda a empezar a apreciar varias realidades de forma simultánea. No tienes por qué estar atrapado en la 3D todo el tiempo. Estamos anclando la conciencia de lo que significa estar en la 5D. Al principio, notarás las similitudes y, después, las diferencias.

Un asistente a mi clase estaba usando un CD de Hemi-Sync® (entrenamiento de sinergia entre hemisferio izquierdo y derecho) para meditar. Un día, estaba conduciendo por la autovía cuando de repente apareció la imagen de un todoterreno dorado en el ojo de su mente. Frenó rápidamente. Entonces, apareció un todoterreno dorado justo delante de él cortándole el camino. Pudo evitar el choque gracias al hecho de frenar con antelación.

Otro hombre que suele comenzar su día con una «plegaria de protección» me contó una historia: «El coche de al lado quedó destrozado. Fue una colisión múltiple, y el coche que la provocó al quedar fuera de control aterrizó a unos centímetros del mío». Según sus palabras: «*Sé* que fue un suceso cósmico. Sé que mi plegaria de protección me salvó del choque»

LOS SEÑORES DE LA LUZ

Somos los Señores de la Luz* y trabajamos hoy contigo. Deseamos comunicarte que el vehículo que vas a utilizar para tu próximo *ahora* se va a actualizar. Queremos que te visualices en un hermoso carruaje: imagina un carruaje real con bellos adornos dorados en el exterior y un bonito diseño, lujosos asientos acolchados y preciosas ballestas. Es tan magnífico como aquel en el que se convirtió la calabaza de Cenicienta. Y también queremos decirte que puedes recordar tu antiguo vehículo como una carreta del viejo Oeste. Ahora estás en este bello carruaje, así que tu vehículo ya se ha actualizado.

Hemos usado deliberadamente la imagen del carro —por si alguien no tiene mucha afinidad con los automóviles— para que te ayude a comprender

---

* Los Señores de la Luz son una agrupación de seres elevados que han venido al plano de la Tierra para ayudar a la transformación de la humanidad.

que todavía estás siendo *arrastrado*. Maureen solía bromear cuando le preguntaban «¿cómo sabes a dónde ir?» respondiendo «voy a donde me llevan». Y todos reían porque era un juego de palabras en lugar de «voy a donde me dicen» (en inglés «*I go were I'm towed*» y «*I go were I'm told*» suenan parecido).

Estás siendo arrastrado a una expresión en la realidad que resulta fastuosa y te permite sentirte abundante. Estás en un entorno sin preocupaciones, un lugar cómodo y lleno de entusiasmo. Ahora viajas en un vehículo dorado. Te pedimos que hagas la meditación que encontrarás en el sitio web de Maureen St. Germain llamada «Golden Time Meditation» (Meditación de la era dorada)* para reforzar esto.

Queremos que inhales y exhales con alivio: ahhhh. Queremos que mires alrededor y decidas qué quieres crear.

Queremos que juegues a ser una persona extremadamente rica que elige lo que quiere basándose en lo que le gusta, no en lo que necesita. No tienes miedo de dejar ir cosas que te han gustado en el pasado porque sabes que puedes obtener otras. Y las nuevas serán tan gratificantes como las anteriores, aunque serán nuevas y diferentes. La razón por la que mencionamos esto es que queremos que empieces a estar menos apegado a lo que tienes —apego por miedo a perderlo— y, en su lugar, pases a un nivel de seguridad que te satisfaga.

Un año en Navidad Maureen dijo a sus hijos: «Cuando elijáis un adorno navideño para ponerlo en el árbol, aseguraos de que realmente os guste. Y, si no es así, podéis ponerlo en esta caja de aquí y la donaremos a Goodwill, una organización benéfica». Al terminar, había más adornos en la caja de Goodwill que en el árbol, y aun así estaba realmente precioso. Queremos que te sientas así, que sepas que si te desprendes de la mitad de tus posesiones, estarás bien. Contemplarás esto y te sentirás muy satisfecho.

* Esta meditación está disponible en inglés para los lectores de forma gratuita en www.MaureenStGermain.com/5DSelfBonus.

También queremos que observes a las personas de tu mundo que tienen recursos. Quizá hayan recibido una herencia de la que viven o sean propietarios o ejecutivos de una gran empresa, pero han decidido tener una vida sencilla. Se dan cuenta de que cuantas más cosas poseen, más trabajo tienen que hacer para mantenerlas. Por tanto, nos gustaría animarte a comprender que podrías expandir tu energía si reduces tus pertenencias. Esto te permitirá dedicar más tiempo y energía al crecimiento y la maestría espiritual.

El camino en el que te encuentras está lleno de amor y luz. El descubrimiento de quién eres realmente te asombrará, ya que nunca habías pensado en ti en estos términos, como cocreador. No olvides que el mundo está cambiando. El mundo que viene es el resultado de tus plegarias, de tus peticiones, o bien es la liberación del drama que has experimentado. Inicialmente, te parecerá un mundo mágico. Así que te pedimos que mantengas el corazón y los ojos abiertos. Te pedimos que mires la vida con asombro y alegría. Te invitamos a explorar lo que puedes crear, ahora que has empezado a entender que *tú* tienes mucha más maestría de la que te imaginabas. Te pedimos que, mientras lees esto, te conectes con tu corazón y confíes en él.

Conectar con el corazón es *sentir* su vibración. Confiar en el corazón significa enfocar la *mente en el corazón*. Se trata de una danza en la que utilizas las emociones en primer lugar para conectar con el corazón y después usas la mente para llevar tu atención hacia él. A continuación, te pedimos que observes cómo se expande y crece. Te pedimos que sientas el amor que albergamos hacia ti. Te pedimos que te dejes inundar por el aprecio y la gratitud hacia este precioso mundo en el que vives y por todo lo que tienes. Te pedimos que permanezcas en un lugar de profunda gratitud por todo lo que te ocurre.

Si te topas con algo que te resulte desagradable, te pedimos que te preguntes a ti mismo qué será lo positivo que obtendrás de esa experiencia. Te pedimos que refrenes tu lengua y no te quejes. Quizá tengas una persona cercana con quien puedas desahogarte y que te ayude a enjugar las lágrimas, pero no caigas en la tentación de corregirla ni repitas tu historia. De esta forma, reducirás la desilusión en tu vida a una cantidad ínfima. Esto es muy importante porque estás siendo *arrastrado* a un sitio mucho mejor de lo que jamás imaginaste.

Ahora mismo, mantener el corazón abierto y la atención en el corazón es lo más importante. No dejes que nada de disuada de hacerlo. Eres un ser magnífico. Mereces lo mejor y llegarás a tenerlo, así que relájate y disfruta del viaje. Somos los Señores de la Luz.

LOS SEÑORES DE LA LUZ

UNA NUEVA NORMALIDAD

Puede que a medida que la humanidad pase a la quinta dimensión recupere herramientas y códigos perdidos que le permitan atravesar las barreras del tiempo lineal. Cuando empieces a comprender que la atemporalidad o los tiempos simultáneos son lo normal en el universo, disfrutarás de la libertad de utilizar este conocimiento para sacar aún más partido a la vida. Entonces, contarás con el tiempo, los códigos temporales y la multidimensionalidad para expandir tus experiencias y sanarte a ti mismo y al planeta.

Ahora, las experiencias de 5D forman parte de la nueva normalidad de forma cotidiana. Esto significa que verás y experimentarás cosas que jamás pensaste que serían posibles. «Atravesarás las paredes» y serás capaz de evitar accidentes y dificultades al estar en la quinta dimensión. Pero ¿cómo acceder a ella y permanecer allí? Llegaremos a eso, pero antes vamos a ir entrando en materia con las experiencias que me han contado mis estudiantes y mis amistades.

¿Cuántas experiencias has tenido que sabes sin lugar a dudas que no son normales en la tercera dimensión? Una de las integrantes del Ascension Institute estaba preocupada por una amiga que se encontraba en el hospital. Rezaba por ella, le enviaba energía desde el corazón para ayudarla y, en un momento dado, le preguntó a su yo superior si su amiga se pondría bien. Su yo superior le indicó que sí, que todo iría bien, pero ella siguió preocupada e inquieta. Después, fue a hacer los recados del día y, cuando pasó con el coche cerca de un hospital, vio una imagen muy clara. ¡En el cielo, sobre el hospital, vio un ángel! Para ella, esta fue una maravillosa confirmación de que todo iría bien.

MANTENER LA VIBRACIÓN DE QUINTA DIMENSIÓN

Resulta fácil salir de la quinta dimensión si no te cuidas. Lo ideal es comer de la mejor forma posible, descansar mucho y beber mucha agua. ¿Todavía utilizas energía y distracciones de tercera dimensión tales como drogas ilegales, un exceso de comida o cotilleos? Sentir cansancio o agotamiento puede ser una señal de que estás usando la versión de 3D (pensamiento, juicios) para activar tus emociones y, por tanto, desperdiciando tu energía en lugar de sanarla.

Haz todo lo posible por centrar la energía en cosas que te hagan sentir bien, tales como experiencias alegres y pensamientos positivos. Haz todo lo que puedas para reclamar tu derecho a estar en la quinta dimensión. Protege tu energía y no te dejes llevar por los cotilleos o el drama. Lo que hagan otras personas o todas las demás personas no te incumbe.

Cada vez que no obtengas lo que quieres, recuerda: «Esto o algo mejor». Eso te ayudará a ratificar y mantener tu vibración de quinta dimensión. Permite que todas tus historias fluyan con naturalidad. Bendícelas, no te resistas, no prestes atención a las pocas cosas que no te gustan, solo recuerda que «todo ha salido bien». El uso del verbo en pasado permite la creación consciente del futuro. Esto resulta especialmente importante cuando no tienes idea de cómo sucederá lo que sea.

Recuerda, Sanat Kumara dijo: «El juego ha terminado. Se acabará cuando no quede ningún jugador. ¿Serás el primero en irte o el último?». Saber esto te permite elegir dónde quieres estar. Recuerda que todo es un juego, y el juego ha terminado. Puedes desengancharte de él cuando lo desees. Recuerda que si permaneces en el juicio, volverás al juego. Este terminará cuando no haya más jugadores. La estrategia de salida para contribuir a que el juego finalice pasa por desprenderse de la polaridad de juzgarte a ti mismo o a los demás.

Solo puedes ser víctima una vez. En lo sucesivo, lo que haces es revivir la experiencia y servirte de ello para obtener compasión o validación. El universo quiere que tengas lo que quieres... pero necesita que lo nombres. Cuando no puedas determinar lo que quieres nombrar, basta con afirmar que eres muy, muy feliz. Recuerda que eres la Fuente; eres parte de la grandeza que hay en todo. Y empieza a validar tus experiencias de 5D.

Aquí tienes otro ejemplo de estar en la 5D. Recibí esta nota de una de mis estudiantes de San Diego. Decía lo siguiente:

Esta historia tiene que ver con mi marido. Un día, volví a casa antes de que llegara mi marido y aparqué el coche en el garaje. Empecé a preparar la cena. Lo oí llegar y aparcar el coche en el garaje. Entró en casa y se sorprendió de verme allí. Lo primero que dijo fue: «¿Dónde está tu coche?», y yo le respondí: «Está en el garaje». Me dijo: «No, no he visto tu coche». Y yo dije: «¿Cómo que no has visto mi coche? Ven, vamos a ver». Fuimos los dos al garaje y, efectivamente, mi coche estaba aparcado junto al suyo. Le dije: «¿Ves mi coche ahora?». Él estaba sumamente sorprendido de verlo allí. Es interesante mencionar que tuvo que pasar junto a mi coche para entrar en la casa y no hay forma de que pudiera no haberlo visto. ¡Seguramente al llegar él estaba en la 5D, en un lugar maravilloso, y no lo vio! *Su marido estaba en la 5D al entrar en el garaje (y el coche no existía en la 5D).*

En otra ocasión, una amiga mía, Marbeth, una noche que volvió tarde a casa, se quitó su anillo de rubí, que era su recuerdo familiar más preciado, y lo guardó en un cajón. No quería perderlo, así que lo escondió en un cajón de la cómoda para mantenerlo a salvo porque estaba cansada. A la mañana siguiente, fue a buscarlo y ya no estaba. Buscó y buscó para guardarlo debidamente, pero no lo encontró. Después de tres meses, finalmente se dio por vencida y se dijo a sí misma: «Debe de haberse perdido», y aceptó esta pérdida. La siguiente vez que abrió el cajón, ¡el anillo estaba allí, ante su vista! ¿Por qué ocurrió esto?

TU ENERGÍA DETERMINA TU VIBRACIÓN

Tu vibración coincide con la quinta dimensión cuando estás en paz y contento. Cuando estás preocupado o nervioso por haber perdido algo, te encuentras en un estado de polaridad —«No quiero perderlo, tengo que encontrarlo»— que coincide con la tercera o la cuarta dimensión. La tercera y la cuarta dimensión presentan polaridad, y el temor y la preocupación representarían una polaridad negativa. Recuerda que no hay nada malo en esto, igual que no hay nada malo en estar en tercer curso de primaria, a menos que tengas capacidad y edad para estar en quinto curso. Incluso juzgarte a ti mismo te llevará de nuevo a la tercera dimensión. Por eso es por lo que deberías ser amable, como una abuela que quiere a sus nietos pero no tiene que educarlos.

¿Cómo vivimos la vida sin juzgarla? Bueno, aquí es donde la cosa se pone interesante. Hay que esforzarse, intentarlo y después soltar. Trabaja duro, pon de tu parte para lograr lo que quieres. Si no lo consigues a la primera, vuelves a intentarlo, sin darle demasiada importancia. Piensa en todos los estudiantes que se presentan a las oposiciones más de una vez. No hay que hacer un drama, son cosas que pasan. Sigues adelante, sin más.

En una entrañable entrevista radiofónica al doctor David R. Hawkins,* Oprah Winfrey le preguntó: «¿Cómo podemos hacer avanzar nuestra civilización de la percepción a la esencia (lo real)?». Creo que le hizo una pregunta profunda sobre el futuro y la esencia real de la humanidad de las personas. Su reflexiva respuesta fue: «La humanidad desarrollará la capacidad de actuar en todo momento con clemencia y dulzura universales, sin excepción».

Tengamos en cuenta que, ya en el siglo IV a. C., encontramos la siguiente idea de Sócrates: todos los hombres buscan solo el bien, pero su percepción del bien cambia constantemente; la conciencia de la humanidad siente pasión por Dios, no por los sistemas de creencias, y permite los niveles de conciencia superiores.**

¿Cómo se produce nuestro crecimiento? De forma lenta en un primer momento y, después, muy rápidamente, de acuerdo con los principios de la geometría sagrada.

---

* El doctor David R. Hawkins (1927-2012), autor del conocido libro *El poder frente a la fuerza*, fue director del Instituto para la Investigación Espiritual y fundador del Camino de la Devoción a la No-Dualidad. Fue un reconocido investigador pionero en el campo de la conciencia, así como un prolífico escritor, conferenciante, psiquiatra y científico.

** Sócrates fue un filósofo griego natural de Atenas considerado como uno de los fundadores de la filosofía occidental y el primer filósofo moral de la tradición de pensamiento ético occidental.

5 DE DICIEMBRE DE 2016

EL MORYA Y LOS SEÑORES DE LA LUZ

Somos los Señores de la Luz y ayudamos a la Tierra y a sus habitantes a transformarse en su nueva realidad. Sé consciente y está preparado para soltar absolutamente todo en caso de que sea necesario. Esto no significa que se avecine un desastre inminente, sino que estás tan dispuesto a transformarte y cambiar que podrías dejar ir las heridas, las desilusiones y los sufrimientos pasados. Si eliges dejarlos ir conscientemente, aumentarás enormemente tus capacidades para salir de esta transformación con la vestimenta de luz que tanto te complace. No te importará dejar atrás tu equipaje. Si te vas a un gran viaje a algún sitio y, al llegar, te dicen que se ha perdido tu maleta, podrías enfadarte y lamentar la pérdida de tu ropa, tus joyas y tus zapatos preferidos; o bien podrías decir: «Ahora puedo irme de compras, probarme cosas nuevas y crear un nuevo fondo de armario».

EL MORYA Y LOS SEÑORES DE LA LUZ

Cuando estás en la quinta dimensión, ni siquiera una maleta perdida supone un problema. En un viaje de tres semanas que hice a China, mi maleta llegó el último día que pasaba allí. Por suerte, durante el viaje anterior había encargado que me hicieran un vestido, pero no estaba listo cuando llegó el día de mi partida. Mi organizadora lo había recogido y me estaba esperando cuando llegué en el siguiente viaje. A nadie le importó que diera clase durante tres semanas con el mismo vestido, empezando por mí. ¡Al menos no tuve que hacerlo con la ropa de viaje!

Conozco a una familia que lo perdió todo en un incendio en su casa el día de Navidad. El hollín de la chimenea se prendió debido al papel de envolver de los regalos navideños que el padre estaba quemando. El tejado empezó a arder y el fuego se extendió en minutos. En un momento lo tenían todo y, al siguiente, la casa se había quemado hasta los cimientos. Prácticamente, lo único que pudieron salvar fueron sus vidas. No te pongas en esa situación; cancela ese pensamiento. Simplemente observa y di: «Bien, puedo elegir dejar ir absolutamente todo ahora mismo. No será doloroso. Será agradable, inspirador, motivador. Será emocionante aceptar que suelto las formas antiguas de actuar y mis antiguas creencias, el lugar antiguo de experimentar la vida en mis interacciones con los demás. Le doy la bienvenida a esta nueva oportunidad de ser uno entre los muchos que están totalmente conectados y vinculados entre ellos y con la Madre Tierra. Elijo formar parte de la nueva realidad con la que muchos ya han conectado». De esta forma, realizarás la transición a tu nuevo yo de quinta dimensión —tu nuevo yo— con gracia y facilidad. Es posible que no tengas que dejar atrás tus tesoros y las cosas que aprecias.

Voy a citar la historia de una canalizadora que tuvo una terrible experiencia de pérdida en su vida cuando cinco amigas cancelaron un Viaje Sagrado simultáneamente, lo que provocó que se encontrara cara a cara con la ruina financiera. Esa noche, se fue a la cama y le dijo al maestro ascendido El Morya: «Creo que estoy arruinada, pero tengo salud. Siempre puedo volver a empezar si es necesario y *si hay una solución lo sabré mañana por la mañana*». Efectivamente, El Morya le proporcionó la solución la siguiente mañana.

EL MORYA Y LOS SEÑORES DE LA LUZ

De esta manera, empezarás a cambiar. Pide mi ayuda y te la proporcionaré. Este canal era optimista acerca del futuro a pesar de su profunda pérdida inminente. Deja ir con gracia y facilidad para no sufrir por aferrarte. Tu sufrimiento será mínimo.

Estamos en un lugar del tiempo y el espacio donde el sufrimiento ya no es una *experiencia deseada*. Tampoco es *necesaria*. Muchos de tus sistemas de creencias enseñan que el sufrimiento es una forma de purificarte, pero no es así. Puede que esto haya sido así en el pasado, pero no ahora. Modera tus respuestas. Combate la preocupación y el miedo con alegría, con gratitud, y deja que el universo te sorprenda con la increíble oportunidad subyacente. Una desilusión habitual en este planeta es que alguien a quien amas te haga daño. Hay energías que preferirían que permanecieras herido porque se *alimentan* de tu energía. Cuando reinviertes tu propia energía en estos sentimientos, de hecho estás *alimentando* la energía que quiere perpetuar este sentimiento. Esto se convierte en una adicción al dolor y el drama emocional. Te recomendamos ir al espacio de tu mente y decirte a ti mismo: «No quiero dar cabida a esta cuestión en mi mente. Puedo elegir soltar».

Sin embargo, también podrías decir: «No quiero (soltar) porque no me siento validado. Así que voy a tomarme un momento y voy a pedir a mis ángeles y guías que me muestren lo importante que soy y cuánto me aman». Y, como práctica, especialmente durante estos momentos de drama emocional, podrías decir: «Querido Dios, ¡muéstrame cuánto me aman!».

Pedir a tus ángeles y guías que te muestren cuánto te aman significa que tus elecciones pueden desengancharte del drama. ¿Esto elimina tu validación? ¡No! En su lugar, elige dejar que los ángeles te validen. Ellos saben quién eres y te aman. Este es un aspecto de tu ser al que decides prestar menos atención.

Lo segundo es que, cada vez que surja el drama (en tu pensamiento) con dolor y sufrimiento, recuerdes preguntarte lo siguiente: «¿He obtenido algo de todo esto? ¿He tenido algún beneficio de esta experiencia dolorosa?».

Puede que haya habido algo bueno en algún punto. Quizá has aprendido algo con la experiencia, quizá has tenido buenos momentos, quizá has viajado a lugares maravillosos y tengas recuerdos felices. Aunque la conexión ya no exista, puedes llevar tu atención a muchos recuerdos buenos. Si tienes viejos recuerdos, elige los que te aportan poder y alegría.

Entrénate para, tras tener pensamientos amargos, contrarrestarlos con la dulzura de lo bueno de las experiencias, el aprendizaje, las oportunidades, los momentos felices, y permite que ese sea el sabor de boca que permanece. De esta forma, transformarás tu cuerpo mental y expandirás tu corazón y el cuerpo emocional. Te bendecimos por leer esto. Creamos para ti una matriz de amor y luz que se creará en ti al leer estas palabras. Cuando estés tan bloqueado que no puedas hacer nada de esto, basta con que me invoques a mí, El Morya, y digas: «Ayúdame a acceder a mi matriz divina. Ayúdame a acceder a mi plan divino». Intercederé y te facilitaré el camino, y sabrás que es así. Sabrás que es aquí donde tienes que estar. Y tendrás éxito si me llamas. Y te diré: «No te fallaré cuando me llames y *tú* no te fallarás tampoco». Gracias y buen día. Soy El Morya con los Seres de Luz que han intercedido para guiarte en el proceso de acceder a tu conciencia para el año que viene.

EL MORYA Y LOS SEÑORES DE LA LUZ

5

El gran olvido y el uso del miedo para impulsar el trabajo de ascensión

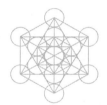

A l enfrentarte a tus recuerdos, tendrás muchas oportunidades para «corregir los errores». Cuando revises tus experiencias, puedes decidir que no son importantes, con lo cual los recuerdos se suavizarán. Si utilizas la mente para permitir que tu opinión se vea amplificada por una reacción emocional y el juicio de que alguien o algo debe recibir un castigo, permanecerás en la tercera dimensión. En su lugar, puedes decidir que *tú* te haces cargo ahora de tu realidad y que solamente *tú* puedes cambiar tu propia reacción personal. *Tú* puedes cambiar la matriz que determina cómo has experimentado uno o varios sucesos.

A modo de ejercicio, voy a pedirte que te centres en un evento, pero puedes hacer esto con cualquier cosa que te preocupe. La memoria *no* se almacena secuencialmente, sino que está relacionada con los *eventos*. Cualquier «evento cercano» que tienda un puente en el continuo espaciotemporal permite ver, sentir y experimentar el primer evento (o el evento anterior). Si eres consciente de que ciertos lugares y situaciones desencadenan recuerdos dolorosos del pasado, puedes elegir sanarlos cuando salen a la superficie para llevar a cabo una «reconciliación» y, posteriormente, puedes fusionar estas líneas de tiempo en tus recuerdos.

FUSIÓN DE LÍNEAS TEMPORALES

Para recordar traumas pasados hay que comenzar de cierta forma. Existen puntos nodales en el tiempo y el espacio que permiten acceder a la información (retroceso directo) que se ha olvidado o se ha borrado (para no recordarla). Un punto nodal es un punto de una línea temporal paralelo o cercano a otra línea temporal. El punto nodal puede permitir que ambas se fusionen de forma permanente o parcial. Puede que se active un desencadenante, que suele producirse en la misma ubicación física, con o sin otra situación similar, y la mente es capaz de retroceder al evento original. Esto es significativo.

Haciendo uso del conocimiento sobre los puntos nodales, puedes borrar viejas heridas si las revisas y después creas una nueva versión del pasado. Imagina que eres el director de «tu película» de dolor y sufrimiento. Puedes hacerlo con una meditación sencilla. Literalmente, te puedes sentar en silencio y crear una versión nueva de la historia dolorosa. Después, permite que sea real en tu mente. Esto te permitirá crear la solución para el problema sin mucho más esfuerzo. Tómate un momento antes de empezar y juega a imaginar la misma situación, pero con un resultado nuevo y más agradable.

Ser humano significa olvidar todo el dolor y el sufrimiento que experimentamos. Vamos a fusionar varias líneas temporales, y esto forma parte del gran olvido. La fusión de estas líneas de tiempo se inscribe dentro de una acción a mayor escala para sanar y transformar las experiencias. La humanidad ha sufrido por su sufrimiento. La inhumanidad de unas personas con otras ha provocado aflicciones que ahora ya no se toleran ni es probable que se produzcan de nuevo. Esta inhumanidad ha sido el resultado de ciertas fuerzas que han influido en los humanos para que eligieran la oscuridad en lugar de la luz. Esa era ha terminado y ya no volverá. Los humanos han utilizado la memoria para revisar el dolor y el sufrimiento. Lo han hecho para asegurarse de no volver a hacerlo. Lamentablemente, existían esas fuerzas oscuras que se alimentaban de *loosh* negativo.

EL ARMA UTILIZADA CONTRA LA HUMANIDAD

Nos encontramos en una etapa de nuestra evolución espiritual en la que estamos deshaciéndonos del antiguo equipaje para poder pasar a través el agujero de gusano de la quinta dimensión y más allá. Puede que hayas escuchado la frase bíblica *pasar por el ojo de una aguja*. Es algo similar a lo que se describe aquí. Vamos a fusionar las diversas versiones de nosotros mismos en una sola para poder acceder a las dimensiones superiores.

Si caes en la trampa de creer que *no* eres capaz de hacer algo, actuarás como si así fuera. Existe una matriz que respalda esta mentira, y los mentirosos se basan en ella para controlar a las masas. Si debilitas su matriz, se reduce su capacidad de mantenerte como rehén, de utilizar esta mentira como un arma contra los hombres y las mujeres de buen corazón.

Puedes usar la información contenida aquí para contribuir a sanar la mente y el espíritu de la humanidad. De esta manera, se restaura la humanidad a su máximo nivel porque, en tu corazón, sabes que nos mintieron y que algo está terriblemente mal, aunque no puedas determinar qué exactamente.

Una mujer poderosa es fuerte, pero no agresiva. Tiene fortaleza mental, pero con un toque suave. Su sabiduría actúa como guía, ya que permite que los que la rodean vivan «a su manera», sin imponer nada para convencerlos.

Muchas mujeres han recibido formación con respecto a los métodos masculinos para ser poderosas y a la vez encontrar su propia y auténtica voz femenina de liderazgo. Cuando haces lo que otra persona quiere porque te obliga, sientes ira. Pero, si conservas tu poder, puedes mantener la claridad y la suavidad, a pesar de ser persistente.

Aún se están erradicando las perversiones del Divino Femenino. Muchas mujeres han sido arrastradas o engañadas para llevar a cabo los peores actos, los actos más horribles, a veces incluso contra sus propios hijos. En relación con esto mencionaré una historia real que me contó un cliente. Su mujer nació de un acto inmoral perpetrado en la familia para forzar el silencio. La niña asumió la culpa de la madre. Esta niña creció y no era capaz de tragar. Ya de adulta, estaba tan «ahogada» que tuvieron que extirparle la epiglotis (un órgano implicado en el acto de tragar) para poder seguir comiendo. Todavía no puede manifestar su propia verdad. Hay un profundo secreto en la familia que no se puede nombrar, aunque algunos de sus integrantes lo conocen.

Había una historia en el libro de William Tompkins *Selected by Extraterrestrials* [Seleccionado por los extraterrestres] sobre cómo el jefe de un departamento militar de programas secretos obligaba a varios miembros del equipo a ser los anfitriones de «las cenas de los viernes». En esas cenas, dicho mando forzaba a la mujer del anfitrión a la vista de todos y después los hacía jurar que mantendrían en secreto todos los asuntos a cambio de que su vergüenza no se hiciera pública. El fruto de una de estas uniones, que actualmente es una mujer, asumió esta herida para que su madre pudiera sanar. Ella era querida, pero fue concebida de forma ilegítima y debía mantener un secreto.

Se ha mentido a toda la humanidad, y ahora estamos sacando esas mentiras a la luz. No debemos ahogarnos, sino encontrar el camino para salir del dilema. ¿Por qué se perpetuó la mentira de María Magdalena? ¿Por qué suponía un problema la primogénita de la Virgen María? El mundo no estaba preparado para una líder femenina. Todos esperaban un heredero varón, de forma que se mantuvo el secreto para protegerla y para reorganizarse.

El *loosh* negativo es una fuente de combustible para las energías que pueden hacerte caer. El *loosh*, al ser la energía de la fuerza vital (*chi* con un propósito), puede tanto elevarte como hundirte. *Loosh*, en este sentido, describe un síndrome experiencial negativo. Como establecimos anteriormente, pero podemos reiterar aquí, el *loosh* resultante de circunstancias dolorosas y difíciles es un combustible muy preciado (para las energías ajenas a Dios), ya que contiene tanto la chispa divina como la chispa creadora humana. Es como un pícnic cerca de un hormiguero. ¿Te preguntas a quién estás alimentando? Algunos llaman a estos seres «los poderes *preexistentes*», con énfasis en el *pre*, ya que ahora están en decadencia. Incluso llamarlos por su nombre les da poder, así que no los mencionaré específicamente.

Por otro lado, el planeta está siendo bañado por *loosh* inspirador procedente de fuentes de amor y luz que nos ayuda a transformarnos. Este *loosh* positivo es irresistible y alegre. Es la energía que se encuentra en diversas experiencias motivadoras: meditación profunda, jardines y arquitectura de gran belleza, jugar con una mascota o un bebé...

No te confundas, este holograma llamado tercera dimensión tiene *loosh* tanto positivo como negativo. Nuestro objetivo es prestar atención a los momentos dichosos y felices, reírnos y sacar el máximo jugo de ellos, a la vez que permanecemos equilibrados a cada paso. Puedes reciclar y hacer evolucionar tus emociones de tristeza y no resueltas mediante el dos por uno y otras prácticas.

¿QUÉ ES EL DOS POR UNO?

Cuando estaba en la universidad, pedí a mis ángeles que me ayudaran a salir de una depresión difícil. Me aconsejaron que debía tener dos pensamientos positivos por cada pensamiento negativo. Puse esto en práctica de forma sistemática, tanto al pensar como al hablar. Después de solo una semana de mi transferencia a otra facultad, el director de admisiones me pidió que me encargara de las visitas guiadas.

Recuerdo que mi madre me dijo: «Hablando del ciego que guía a otros ciegos». Comparto esta historia para hacer hincapié en algo: incluso en las peores circunstancias, puedes encontrar un lado positivo si lo buscas. El universo sigue ofreciéndote más de aquello en lo que te fijas. La doctora Barbara L. Fredrickson, pionera en el estudio de la positividad, ha investigado y escrito mucho sobre este tema. El estudio científico continuado sobre este fenómeno (pensamientos positivos para reemplazar los negativos), a veces denominado la proporción de Losada (3:1), establece que tres datos positivos eliminan por completo cualquier negatividad y reestructuran la realidad de forma significativa. También es verdad que siempre que la positividad supere* los pensamientos negativos (en una relación de 2:1), se producirán cambios y transformaciones.

---

* Un estudio realizado en 2013 por Nicholas J. L. Brown, Alan D. Sokal y Harris L. Friedman cuestionaba la validez de la proporción de Losada. Sus inquietudes surgían de un punto de vista empírico. No tenían problema con la idea de que es más probable que las emociones positivas creen resiliencia o que una proporción de positividad más alta es más

Cuando descubres que estás rememorando o reviviendo un momento difícil, cada recuerdo triste o doloroso es un pensamiento que te hunde en un pozo.

¿Qué pasaría si pudieras prepararte para reconocer estos pensamientos contrariamente a tu evolución? Puedes conseguirlo si en tu introspección te entrenas para ser consciente del crítico interior y pides a tus ángeles y guías que te avisen cuando tengas un pensamiento negativo. Crea un nuevo hábito consistente en que, cada vez que tu atención se centre en lo negativo, a continuación tengas dos o más pensamientos positivos. De esta forma, transmutamos y transformamos esa energía nosotros mismos en lugar de esperar a que las fuerzas que no apoyan nuestra evolución cosechen nuestras emociones y las usen como combustible.

Habrás oído el refrán *Dios los cría y ellos se juntan*. Pues bien, con los pensamientos pasa esto mismo. Cada pensamiento es una pequeña porción de energía (bit de *chi*) que recopila otras porciones y se fusionan en bits de *chi* mayores o nubes de pensamientos. Los iguales se atraen. Estás dejando caer migas de pan (igual que en el cuento de Hansel y Gretel), que crearán vías cerebrales que seguirán la misma ruta.

Los bits de *chi* inconclusos se alejan de ti y buscan otros bits de *chi* similares para fusionarse y aumentar de tamaño. Están cargados con tus emociones; de hecho, las emociones son las que influyen en el *chi* y le aportan un propósito. Cuando imbuimos nuestros pensamientos con un propósito, infundimos emoción en el *chi* que tenemos almacenado. Cuando no expresamos, resolvemos o reciclamos las emociones, llega un momento en que se alejan de nosotros.

---

beneficiosa que otra más baja. Lo que sí ponían en duda era la elección de aplicaciones de las matemáticas para determinar la proporción emocional «ideal» (Brown, *et al.*, 2013. *Complex Dynamics of Wishful Thinking: The Critical Positivity Ratio* [Dinámica compleja del pensamiento optimista: la proporción de positividad crítica]).

SEGUIR LA CORRIENTE

Cuando se creó la humanidad, se otorgó a los humanos la capacidad de cocrear junto con Dios al infundir un propósito en el *chi*, lo cual crea lo que conocemos como emoción. En todas partes existe una fuente ilimitada de *chi* o energía pura que está disponible para que la tomes y la impregnes con tus creencias y deseos. Hacemos esto casi constantemente. La práctica del *qigong* encauza y dirige de forma activa esta energía en tu beneficio.

Al aportar un propósito al *chi* (emoción), creas una energía muy distinta de la que fluye de forma libre (el *chi*). Al generarse una emoción, el *chi* pasa de ser bidimensional y plano a convertirse en una conciencia y una viveza tridimensionales en la realidad de tercera dimensión.

Crear una emoción (e-moción: energía en movimiento)[*] es lo que mejor saben hacer los humanos. Este «aportar un propósito a la energía» es uno de los *privilegios* y las distinciones de estar en un cuerpo de 3D. Saturar el *chi* con creencias y deseos que contienen la chispa divina aporta intensidad, dirección y combustible a todas nuestras vivencias y relaciones.

LA SORPRESA DEL SISTEMA

La Fuente anticipaba que las emociones causarían dolor y sufrimiento, así que introdujo cierta limitación: era necesario expresarlas. Inicialmente, esto tenía como objetivo asegurarse de que no se produjera un desbordamiento de un suceso al siguiente. En otras palabras, las emociones debían agotarse en cada momento

---

[*] N. de la T.: *E-motion,* en el original. La autora hace un juego de palabras: *motion* es 'movimiento' y e hace las veces de símbolo de la energía.

de su creación, ya que son el combustible para la verdadera resolución.

TODAS LAS EMOCIONES SE DEBEN EXPRESAR

Esto significa que, una vez que creas una emoción a partir de tus creencias y deseos, el siguiente paso es permitir su *expresión para que se puedan resolver*. Comprender este fluir te ayudará a empezar a captar lo importante que es no solo expresar, sino también *resolver* las emociones. En algún momento, en lugar de resolver nuestras emociones no expresadas, desarrollamos todo tipo de alternativas para gestionarlas. Las desplazamos hacia el cuerpo y las enterramos en el cuerpo emocional, el cuerpo mental o algo peor. Todo esto enferma a la humanidad. Los humanos no hemos terminado de descubrir las miles de formas en que hemos hecho esto, y ahora lo estamos *deshaciendo*. Hemos relegado las emociones a la memoria y hemos pulsado el botón de repetición para crear *más* dolor y heridas.

JUGAR CON FUEGO

Los humanos empezamos a ocultar estas emociones sin resolver en lugar de resolverlas. Si no resuelves tus sufrimientos, aumentarán mientras miras hacia otro lado. Todo lo que hay en el universo está en constante movimiento y cambio. Esta es la razón de que, cuando tu diálogo interno coincide con una crítica externa, es posible que reacciones de forma exagerada. Todo lo que hay en el universo quiere evolucionar, incluidas las emociones. ¡Están vivas gracias a tu *loosh*!

Las emociones son como el fuego, que es extremadamente útil. Actualmente, lo utilizamos para infinidad de cosas en nuestras vidas. Pero si encendemos un fuego y no lo apagamos, se propagará.

Muy pocos fuegos se extinguen solos, especialmente cuando tienen un suministro de combustible disponible. Como ya sabes, tienes mucho *chi* a tu disposición para alimentar los dramas y los traumas emocionales...: ¿te das cuenta de que podrías estar alimentando a los cocodrilos inconscientemente?

¿Y SI NO SUELTAS? ¿Y SI NO PUEDES SOLTAR?

Aquí es donde empiezan los problemas. La acción de resolución te valida. Cierra el circuito de creación/resolución. Si no estás acostumbrado a la autovalidación, esto no te parecerá «suficiente». Entonces es cuando empiezas a revivir tus heridas y a crear una espiral descendente de la que cada vez resulta más difícil liberarse.

Además, atraes entidades y energías que se «alimentan» de tus emociones sin resolver, de tu *loosh*. (Recuerda, se trata de *chi* imbuido con el propósito de tu «chispa divina»). Esto puede llevarte hacia una energía de cuarta dimensión similar a un vórtice que te arrastra hacia abajo, crea un ciclón energético y succiona el *loosh* que literalmente alimenta el fuego de las emociones de dolor. Pero ¿qué pasa después?

RESOLVER O RECICLAR LAS EMOCIONES

Honra tu experiencia de un suceso y déjala ir. Esto implica expresar tu enfado, decepción, rabia o lo que sea y después soltar. Si no puedes hacerlo, intenta el reciclaje. Si tienes que repetirlo, limita tu expresión únicamente a tres veces. Lleva la cuenta. Si sigues revisando tu emoción, no haces más que revivirla y darle fuerza en lugar de resolverla. Si consigues suprimirla, puede manifestarse en forma de enfermedad y, con suerte, al menos tendrás que lidiar con ella en ese momento. Las emociones pueden dominarte o tú puedes dominar tus emociones al cortarles el suministro de combustible. Puedes rebotar de un lado a otro durante un tiempo o puedes dar un salto y salir del drama.

RUMOROLOGÍA

Los humanos se reúnen en la oficina junto al dispensador de agua, en la cafetería o en el bar para compartir sus experiencias. En algún momento, surgió el hábito de comparar «malas» experiencias: «Si crees que eso es malo, espera a escuchar mi historia». Considera esta frase como una alarma para escapar. Huye de estas situaciones y grupos; sobran las palabras. En cada momento de descubrimiento de tus emociones sin resolver, elige entre reciclarlas o resolverlas.

Aquí tienes una metáfora: yo era la acompañante de una amiga que estaba a punto de operarse. Ya tenía experiencia con ese tipo de operación a través de uno de mis hijos y sabía que estas intervenciones pueden resultar dolorosas. El anestesista, para tranquilizarme, me dijo que la anestesia también incluía fármacos para que mi amiga olvidara la operación. Hace veinte años, al oír esto, me quedé horrorizada. Pensé que el médico que había tomado una decisión así no tenía integridad. Me aseguró que era una práctica habitual. Aun así, no podía entenderlo. Su objetivo era ayudar al paciente a sanar, y hacer que olvidara el dolor y el sufrimiento contribuiría a que sanara antes, según su opinión.

Me preocupaban los derechos de mi amiga en relación con el hecho de tomar esa decisión. Ahora comprendo que nuestros pensamientos pueden acercarnos a la felicidad o alejarnos de ella. No estaba muy segura de que esos fármacos debieran administrarse sin el conocimiento previo del paciente, pero no me creas sin comprobarlo por ti mismo. Pregunta a alguien que haya estado anestesiado si recuerda mucho de lo ocurrido. Una amiga incluso me contó que sus recuerdos han quedado dañados desde su última operación.

¿Por qué es importante esto? Todos empezaremos a ser más conscientes de la dualidad y la permitiremos o nos alejaremos de ella. Recordaremos las elecciones que hemos hecho nosotros, nuestros familiares y nuestras amistades. Y después buscaremos una elección mejor y nos daremos cuenta posteriormente de que la «forma antigua» de reaccionar o pensar es otra línea temporal que hemos elegido abandonar. Ese abandono conllevará el olvido. El olvido permitirá que se instaure la sabiduría y el trauma se libere. Por eso el gran olvido es tan importante.

Un año, mientras trabajaba en el libro sobre manifestación *Be a Genie*, me había «secuestrado a mí misma» en mi casa durante el invierno tras volver de Egipto (compré comida para tres semanas con la intención de no salir de casa). Pero la tercera semana empecé a encontrarme enferma. Como sabía que no había «pillado» nada por ahí porque no había salido de mi casa en más de dieciocho días, le pregunté a mi yo superior lo que debía hacer, y me dijo que tomara *Oscillococcinum*. Se trata de un remedio homeopático que se utiliza para tratar la gripe. Sabía que no había estado expuesta a la gripe porque no había salido en tres semanas.

Siempre hago caso a mi yo superior, así que tomé el remedio según me había indicado. Al día siguiente, cuando describí mis síntomas a una amiga por teléfono, me dijo: «Parece que tienes la intensa gripe que circula últimamente». Como durante todo ese tiempo no había puesto la televisión ni la radio, no sabía nada al respecto. Pregunté en meditación qué estaba ocurriendo. Mi yo superior me explicó que tenía la gripe que merodeaba por ahí y que la energía de la gripe no solo se extendía «por contagio», como suele creerse. Esto ocurrió en 1999, antes de mudarme a Nueva York.

6

Amplificación de otros centros de poder

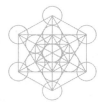

Muchas culturas antiguas *sabían* que la claridad en el tercer ojo tenía relación con el correcto funcionamiento de la glándula pineal. La glándula pineal es muy pequeña, quizá tenga el tamaño de un grano de arroz (entre 5 y 8 milímetros). El chakra del tercer ojo y el chakra de la corona son los dos chakras implicados en ello, y forman un ángulo recto entre sí. Este ángulo recto es importante porque permite el salto a dimensiones superiores. ¿Recuerdas la historia que conté antes sobre una de mis clientas que estaba escuchando el canto de los budas Dhyani cuando se acercó un helicóptero, giró hacia la derecha y desapareció? No fue el canto lo que atrajo la atención hacia ella, sino que el hecho de que *ella* cantara y se activara su centro de poder le permitió cambiar de dimensión. ¿Crees que el helicóptero que vio era real? Yo no. He visto otras cosas reconocibles en el cielo que son dispositivos voladores extraterrestres enmascarados. ¿Y si se abrió camino a través de las dimensiones de forma tan potente que estos «forasteros» se fijaron en ella?

Mantener la claridad en estos dos centros de poder (pineal y chakra del tercer ojo) significa una mayor conexión con la Fuente, más claridad mental y estados de meditación más elevados. La investigación nos dice que la radiación electromagnética es perjudicial para la glándula pineal. A esto hay que añadir que en todos los lugares públicos hay señales de wifi que se superponen, contadores inteligentes y redes que emplean ondas de radio. Si vives en un apartamento, puede que recibas este bombardeo constante de las señales de wifi superpuestas de tus vecinos.

En muchos supermercados se entrecruzan señales de wifi que se superponen. Resulta difícil de imaginar, pero he estado en establecimientos en los que todas las partes de mi ser experimentaban un dolor neurálgico punzante. Una vez que me ocurrió esto, pensé: «Tengo que encontrar un sitio para sentarme». No se me pasó por la cabeza que podría ser el lugar. Pensé que me pasaba algo, pero en el momento en que me alejé unos metros de la tienda, el dolor desapareció instantáneamente. Al hacer a mi yo superior mi pregunta favorita —«¿Qué está pasando?»—, me mostraron de inmediato las energías wifi y me recordaron algo que leí hacía un tiempo sobre que los supermercados emplean dispositivos electrónicos wifi para realizar un seguimiento del inventario. Si eres sensible, puede que hayas notado esta energía sin darte cuenta de qué era. Si tienes que comprar en una tienda con este tipo de energía, lo más seguro es permanecer lo más lejos posible del centro del establecimiento. Cuando tengas que ir al pasillo central, ¡muévete rápido!

LA GLÁNDULA PINEAL

La glándula pineal es muy sensible a las variaciones de la luz. Dormir con una máscara o una toalla sobre los ojos es casi tan necesario como el hecho de dormir en sí mismo si intentas progresar en tu trabajo espiritual. No te conformes con «un poquito de luz». La exposición controlada a la luz es la clave. El control consiste en permitir que haya luz mientras *no* estás descansando y disfrutar de la oscuridad total cuanto *estás* descansando. Aunque tengas que levantarte en mitad de la noche (para ver a tu bebé o cualquier otra cosa), cúbrete los ojos cuando vuelvas a la cama. Descubrirás que descansas mejor con los ojos tapados, de forma que no puedas ver ni siquiera la luz de una pequeña lamparita de noche.

Fig. 6.1. Aíslate de la luz ambiental para disfrutar de una buena noche de sueño.

Los ritmos circadianos son los ciclos corporales naturales. La glándula pineal colabora con ellos y depende de la recepción de luz para regular el cuerpo. Igual que en casa, descansarás mucho mejor en un avión o incluso durante una siesta si te tapas los ojos. El descanso total requiere que el cuerpo esté en completa oscuridad. También puedes usar el modo nocturno en el ordenador, la tableta y el teléfono para contribuir a reducir el exceso de luz azul, que puede afectar a la glándula pineal, provocar cansancio ocular, etc.

Aunque demasiada luz azul puede ser perjudicial, los tonos azules pueden resultar beneficiosos.

Quizá te sorprenda saber que el mayor daño que recibe la glándula pineal puede proceder del agua fluorada. Esto es difícil de evitar, ya que incluso algunas aguas embotelladas están fluoradas. Para comprobarlo, puedes consultar el sitio web de la empresa y averiguar cuáles son sus prácticas. El flúor también se encuentra en muchos productos dentales y médicos. Además de la pasta de dientes, suele estar presente en agentes adhesivos e incluso en materiales de restauración. Muchos alimentos pueden dañar la glándula pineal y, a menos que estos sean orgánicos, puede que no sepas qué productos químicos o sustancias químicas contienen.

PROTECCIÓN DE LA GLÁNDULA PINEAL

Cuando pienses que has podido estar expuesto al flúor, haz algo siempre para eliminarlo de tu sistema lo antes posible. Enjuágate bien la boca cuando el dentista te dé la opción y evita tragar. La exposición al flúor es omnipresente. Aunque el agua que bebes no esté fluorada, la sal lo está e incluso la leche, con frecuencia. El flúor se utiliza en los envases de alimentos, así que las posibilidades de no manipular nunca elementos fluorados o no haber estado nunca expuesto al flúor son bastante escasas. Este elemento es muy venenoso. Incluso en una proporción de una parte por millón, resulta tóxico. Provoca fluorosis y calcificación, especialmente de la glándula pineal, pero también de otras partes del cuerpo. Es casi imposible de evitar, lo que significa que puede que quieras tomar medidas para limpiar constantemente tu glándula pineal, por ejemplo mediante el consumo del tamarindo.

¿Qué puede contribuir al desarrollo y la activación de la glándula pineal? Algunos de los alimentos más conocidos que se pueden tomar para contribuir a su sanación y bienestar son chocolate puro, granos de cacao, kelp orgánico (por su contenido en yodo) y bayas de goji. Los ejercicios de inversión (posturas sobre la cabeza, posturas sobre los hombros y tablas de inversión) también son fabulosos, ya que aumentan el aporte de sangre a la cabeza y la glándula pineal, lo que permite que se impregne de fluidos nutritivos. Para descansar bien por la noche, es genial pasar unos minutos en una postura invertida antes de ir a la cama. Asimismo, si tienes insomnio, resulta beneficioso levantarse y recurrir a la inversión durante unos momentos para después volver a dormir sin esfuerzo. Puede que te ayude adquirir una silla de inversión para realizar estas posturas, a menos que por naturaleza seas una persona ágil y atlética.

Otra cosa que resulta muy beneficiosa para la glándula pineal es estar en contacto con la naturaleza. Si puedes, ve sin el móvil a un parque donde no haya wifi. Esto ayudará a tu cuerpo a calibrarse con la Tierra. Usa zapatos con suela de cuero o descálzate cuando puedas, ya que esto mejorará tu conexión con la Tierra a través de los chakras secretos de los que hablamos en el capítulo tres.

Otra forma magnífica de mejorar el funcionamiento de la glándula pineal son las poco reconocidas frecuencias de sonido denominadas *solfeggios*. Se *sabe* que ciertas frecuencias mejoran las funciones de la glándula pineal, incluida la música que resuena a 938 Hz. Hay gran cantidad de música sanadora disponible para el público entendido. Mi favorita es de Kev Thomson, y el disco se llama *Solfeggio Frequencies 2013*. Tiene otros discos, pero este, que ya tiene algunos años, es uno de mis preferidos.

Otras formas de mejorar la glándula pineal incluyen el uso de tonos azules y piedras o cristales azules. Por ejemplo, el lapislázuli, el topacio azul y la calcita azul ayudan a abrir y limpiar la glándula pineal. En la categoría de la aromaterapia, encontrarás que un baño de pachuli aromático te llevará a una meditación profunda. Finalmente, quiero recordarte las mezclas AroMandalas-Orion, que te ayudan a mejorar la conexión con los centros superiores. Una de las más adecuadas para esto es Inner Guru. Yo también uso Covenant y Convergence para trabajar a un nivel superior.

ACTIVACIÓN MEDIANTE LAS FRECUENCIAS SUPERIORES DE LA COVELINA

Hay unos pocos cristales muy especializados hacia los que me he sentido atraída con el fin de expandir mi conexión con la Fuente. Puede que recuerdes que mencionaba algunos de ellos en el libro *Abrir los registros akáshicos*. Mi absoluto favorito para la canalización es el cristal de cuarzo faden. Recientemente, estaba en una feria comercial y la exposición de covelinas de uno de los vendedores atrajo mi atención. Me llamó y, sin pensarlo, compré algunas para los miembros del Ascension Institute.

La usamos en el tercer ojo y en la glándula pineal durante la meditación. La glándula pineal regula la experiencia en relación con el tiempo. Es importante tener en cuenta que, al ser una piedra de transformación, te ayudará a disipar la negatividad y a reemplazarla por enlaces con los aspectos positivos de tu pasado, tus vidas anteriores y tus vidas potenciales. También puede abrir vías para que oigas y veas en reinos más elevados a través de experiencias extracorpóreas y sueños lúcidos. Como inciso, es la principal piedra de sanación para el cáncer. Puedes buscar esta piedra en los muchos libros sobre cristales que hay disponibles.

He creado la meditación de la covelina para ayudarte a encontrar tu camino. Esta enseñanza no se ha revelado a nadie excepto en los grupos privados del Ascension Institute. Durante el proceso, uno de los miembros de este programa, que tiene mucho talento, tuvo algunas experiencias increíbles que voy a compartir aquí. Es importante saber que estas experiencias ya están en la realidad y que seguir estas instrucciones te permitirá continuar la senda creada por otros. Te resultará mucho más fácil encontrar el camino siguiendo la misma vía creada por otra persona. Se trata de un importante trabajo de maestría que puedes hacer por tu cuenta. Esta meditación también es maravillosa para la manifestación; por tanto, después de llevar a cabo los pasos de activación, puedes repetir la meditación cuando desees manifestar algo.

Para realizar esta meditación necesitarás dos piedras de covelina de cualquier tamaño y un cristal de cuarzo faden. En el caso de la covelina, me gusta usar una piedra rugosa y otra suave. La covelina es escasa y cara, así que puedes escribir la palabra *covelina* en dos trozos de papel para reemplazar las piedras reales. Al hacerlo, asegúrate de tener la clara intención de acceder a la energía real de la covelina. Para el faden puedes usar la misma técnica de escribir su nombre en un papel, pero creo que encontrarás muchos usos para una piedra de faden, así que puede que sea útil adquirir una.

Empieza por realizar la meditación de la covelina con el faden en el corazón y la covelina en los chakras del tercer ojo y la corona. Puedes usar una almohada para que se quede donde la coloques. Empezará a mover el amor y la luz en tu interior. Puede que sientas la energía en el perineo, desde donde la subirás hacia el corazón para llevar el *chi* hasta allí. El corazón «cualificará este *chi*» para tu mayor y más elevado bien, y después impulsará la activación del tercer ojo y la glándula pineal. Esto es importante porque se abrirán las puertas a una conciencia superior.

Esto puede resultar muy estimulante. Es posible que la subida de energía te afecte de la misma forma que un orgasmo físico, pero en el reino energético. El objetivo no es provocar un orgasmo, sino amplificar el *chi* para poder utilizarlo como potente combustible en tu conexión con la Fuente. Uno de mis estudiantes escribió: «Todo el proceso crea un vórtice cada vez más poderoso y lleno de alegría dentro de estos rayos de luz conectados. Me siento como Superman, rodeado de todo este amor y esta luz en movimiento».

Al colocar los cristales (las piedras) en la corona, el tercer ojo y el corazón, experimenta un poco con su ubicación hasta que encuentres el punto «ideal». Sentirás cómo «encaja» o deja de moverse y sabrás que has encontrado el lugar ideal para ti.

El objetivo final es producir un efecto similar al de una antena (en tu interior) que te permitirá acceder a tu conciencia de quinta dimensión y más allá a tu antojo. Al mismo tiempo, la activación de esta manera te permitirá llegar a un lugar de servicio universal para la conciencia. Solo tendrás que hacer esto una vez.

La segunda fase llega tras haber completado la activación total de la glándula pineal gracias a la meditación guiada que comparto en la página siguiente. Entonces, podrás anclar la conexión de forma más exhaustiva en tu cuerpo de 3D. Este paso es importante porque implica que estás pasando a la 5D de forma consciente. Coloca las piedras una en la mano derecha y otra en la izquierda sobre los chakras de los rayos sagrados. Lleva a cabo la meditación. Igual que antes, solo tendrás que hacerlo una vez.

He copiado aquí el texto de la meditación, pero es preferible que la descargues para poder centrar toda la atención en la experiencia.

► Meditación con covelina

Debes entender que esta piedra tiene la capacidad de crear un esquema (forma geométrica) de cualquier cosa que decidas manifestar. Cada vez que realices la meditación para la misma manifestación (el elemento que desees manifestar), puede que veas cómo la figura geométrica se va haciendo más compleja. Tu mente puede ser limitada, aunque no veas la matriz que se forma, y el esquema se hará más claro (en la conciencia) con el uso de la covelina. Asegúrate de pensar qué deseas manifestar antes de comenzar esta meditación.

Toca un cuenco tres veces y entona un om para empezar

Imagina que esta piedra te ayuda a enraizarte en la Madre Tierra y que todos tus chakras están perfectamente alineados entre ellos (y que tienes la piedra contigo). Ponla en tu tercer ojo. Si no tienes la piedra físicamente, imagina que la pones sobre tu tercer ojo. (Incluso puedes usar un pequeño trozo de papel con la palabra covelina escrita). Después, colócala en el centro de la frente, ligeramente por encima del tercer ojo, y envíala hacia el centro de la cabeza. A continuación, déjala que encuentre su lugar, hazla girar noventa grados y permite que se pose justo por encima del tronco encefálico, donde se fusionará con la glándula pineal. La glándula pineal es la clave o el punto de anclaje de todas las manifestaciones y activaciones. A continuación, mientras sujetas la piedra al nivel de la glándula pineal, imagina que se mueve fácilmente hacia la glándula pineal y envía la energía de la covelina hacia ella. Si, en algún momento, te cansas de sujetarla, puedes soltarla. No importa, no pasa nada.

La piedra activará tu pineal cuando la coloques en la frente. También puedes ponerla en el chakra de la corona y sentir cómo busca su sitio, ligeramente hacia atrás, en el centro de la cabeza, hasta encontrar la glándula pineal.

Ahora, queremos invitar a la covelina a que te ayude a manifestar tus sueños. Vamos a elegir un sueño en particular (para cada meditación); un milagro concreto que desees para ti. Recuerda que la manifestación del milagro requiere un campo despejado, no porque tengas que merecerlo, sino porque cualquier pensamiento negativo podría manifestarse también. Sé claro.

Ahora que puedes ver tu sueño hecho realidad, lo nuevo y diferente manifestado en tu mundo, observa cómo la covelina colabora con la matriz para proporcionarte lo que deseas. No es necesario que sepas el aspecto que tiene la matriz, pero imagínate una estructura geométrica tridimensional, parecida a los diseños de geometría sagrada que has visto. Estará conectada a ti y al deseo de tu corazón. Pedimos que esto sea así de acuerdo con la santa voluntad de Dios.

Cuando hayamos adquirido aquello que hemos nombrado en el deseo de nuestro corazón, sabemos que vendrá acompañado por humildad, ya que esta piedra tiene la capacidad de crear y proporcionar humildad.

Una de las cosas que puedes experimentar durante la activación en sí es como si saliera energía de los chakras quinto y sexto, y de hecho así es. Puedes sentir un movimiento suave pero poderoso (como una caricia por debajo de la piel). Cuando realices la segunda activación, con la covelina sobre los chakras de los rayos secretos, puedes sentir como si círculos de energía se movieran alrededor de las palmas de las manos.

Vuelve a consultar el capítulo tres para recordar cómo activar los chakras de los rayos secretos. No olvides que puedes utilizar los chakras superiores de forma proactiva, ya que están «enfocados hacia fuera». Cuando caminas descalzo sobre la Tierra o con zapatos con suela de cuero, interactúas con las frecuencias terrestres. Esto te permite ser una antena para la transmisión de datos. Estas transmisiones de datos son transferencias de energía que te sintonizarán y permitirán que la Tierra te emplee como vehículo para anclarte en las frecuencias más altas.

A medida que accedas a tu poder verdadero, puede que tengas experiencias durante el sueño como las de esta estudiante:

> Quería contarte que, en el último sueño que tuve hoy antes de despertarme, sellé un portal mediante la técnica que recordé cuando fuimos a Egipto en 2010. Creo que tenía algo que ver con sellar una energía de abuso de drogas en el planeta. Vi la ubicación del portal y, al principio, tenía miedo, así que no hice nada. Después, ya no tenía miedo y volví. Invoqué al arcángel

Miguel y coloqué «ladrillos» energéticos para sellar la «entrada principal», y entonces, literalmente, confisqué las «llaves» de esa cámara. A continuación, el arcángel Miguel destruyó energéticamente una abertura «menor» (hubo como una explosión, pero solo podía percibirla con el tercer ojo). Hablé con las personas que había allí, que una vez fueron mis amigos. Les dije que había decidido no aceptar lo que estaban haciendo; estaban pervirtiendo las prácticas espirituales que habían aprendido, como el trabajo de limpieza, utilizándolas con un falso sentido de poder para sí mismos y aquellos a los que limpiaban. También estaban consumiendo drogas.

7

El perdón no es necesario
Un ataque verbal en la 5D

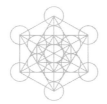

¿Qué hay que hacer cuando te atacan verbalmente? Si estás en la quinta dimensión y alguien te ataca, ¿se supone que debes simplemente dejarlo pasar y no defenderte? La respuesta es la siguiente: si estás en la 5D, no te das cuenta de las cosas horribles que dice la gente ni las escuchas. Solamente percibes el amor que subyace a sus palabras. No es fácil entender esto hasta que llegas a un lugar de amor, pero piensa en algún momento en que estuvieras «enamorado» de alguien nuevo y te sintieras muy feliz. Nadie podía ofenderte; irradiabas amor e indulgencia hacia todos los que te rodeaban. Un mal conductor te cortaba el paso y lo excusabas diciendo: «Bueno, seguro que tiene un mal día».

En la primera película de *Matrix*, hay una escena en la que Neo esquiva todos los proyectiles de las armas. Los evita y se mueve con tanta destreza que hasta él mismo se asombra de su propia habilidad. Cuando estás en la quinta dimensión, la energía de un comentario cruel o un ataque de tercera dimensión no entra dentro de tu «abanico de experiencias», de forma que no lo sientes ni lo ves, igual que no registras ciertos sonidos que un perro sí puede oír.

¿Cómo puede manifestarse esto? Mi hermana pequeña falleció en un accidente de tráfico. Era la «preferida» de la familia, y todos la adorábamos. Vivía en París con su marido francés y sus tres hijas. Unas semanas después de su funeral en París, hubo una reunión familiar en la casa de huéspedes de otro familiar. Mi hermanastro lo había planeado todo un año antes para celebrar los cumpleaños de su padre y de la madre de su mujer, que cumplían ambos setenta años casi al mismo tiempo. Él y su mujer tenían una bonita casa de huéspedes en el valle de Napa y la cerraron para este evento familiar a fin de alojar a los parientes que venían de lejos.

Mi padrastro tenía una hija y un hijo. Tanto él como su hija tenían lenguas afiladas y no se daban cuenta del daño que hacían con sus comentarios. Yo me encontraba en un estado de gran beatitud tras haber pasado el «duelo» por la muerte de mi hermana de forma consciente, para lo cual había cancelado todos mis talleres durante tres semanas y me había quedado en casa para superar mi dolor. No quería «derrumbarme» mientras daba clase y sabía que tenía que sanar antes de volver al trabajo.

Me hacía muy feliz la idea de ver a mi familia después de esa terrible pérdida. Sabía que no habríamos planeado una reunión familiar tan pronto después del funeral, pero un año antes habíamos decidido encontrarnos, aunque fuera para celebrar otra ocasión.

Henry, el hijo de mi padrastro, me presentó a algunas personas que no conocía. Me miró y se refirió a mí como «la hija de Gerry». Como pensando en voz alta, dijo: «Supongo que eso te convierte en mi hermanastra». Cuando salió de la habitación, llegó su hermana, Nancy. Hice las presentaciones y agregué, de acuerdo con el comentario de Henry: «Esta es Nancy, mi hermanastra».

Inmediatamente, Nancy soltó: «Somos demasiado mayores para ser hermanastras. ¡Nuestros padres no se casaron hasta después de los sesenta y cinco!». Yo simplemente sonreí y le dije: «Acabo de perder a una hermana y simplemente me alegro mucho de tener otra». Fui totalmente sincera dentro de mi estado de verdadera beatitud. Ahora creo, desde mi punto de vista de quinta dimensión, que ni siquiera me di cuenta de que ella podría sentirse ofendida por llamarla hermanastra.

Durante el fin de semana largo hizo otros comentarios crueles y me llamaba «la reina de hielo». Para ponerle una nota de humor, me decía a mí misma: «Vaya, debe de saber que fui reina de Egipto en una vida pasada». En la última cena, decidió sentarse en mi mesa en lugar de junto a su marido. Esto me sorprendió, cuando menos.

Durante la cena, me preguntó: «¿Tú qué comes?», como si eso pudiera darle una pista sobre mi estado apacible. Después, quiso saber si alguna vez viajaba a su ciudad. Admití que iba a impartir un taller donde ella vivía en unos pocos meses. «Cuando vengas, ¿te gustaría venir a verme?», me preguntó. Le dije que comprobaría mi agenda para ver si tendría tiempo de añadir algunos días a ese viaje. También quería «aplazar» la respuesta para poder consultar con mi yo superior.

Me preguntaba si ir a visitarla era una decisión sabia. Comprobé que podría disponer de algún tiempo adicional, así que consulté con mi yo superior y recibí una respuesta completamente neutra. Realmente ir o no ir no supondría ninguna diferencia. Decidí ir a verla en ese viaje y me trató como a una reina. Al final, me agradeció que hubiera ido y me dijo: «Nadie de la familia ha venido nunca de visita». Esto aún hace que se me salten las lágrimas cuando lo pienso.

Puede que creas que las personas malas deben pagar por sus acciones. El bien puede triunfar sobre el mal. Acabar con el mal no requiere el castigo de los malos. Significa purgar esa energía del sistema para que nunca más cause estragos. Esto es así porque el juego se ha acabado. Podrías decir: «Pero se salieron con la suya». Estoy de acuerdo, así es. Sin embargo, al otro lado de todo este drama, hay tanto bien que podemos permitirnos mirar más allá. Recuerda, elegimos encarnar en este momento. Elegimos formar parte del caos y la magia.

DAR A LUZ UNA NUEVA REALIDAD

Muchos de vosotros os preguntaréis cuál puede ser el siguiente paso. ¿Cómo llegar allí desde aquí? El maestro ascendido El Morya una vez me increpó: «¡Simplemente da la cara!». En ese momento estaba aterrorizada porque no sabía cómo iba a sacar adelante a mi creciente familia sin trabajo, sin dinero en el banco y con un montón de facturas, incluida una hipoteca. ¡No veía ninguna salida para mi situación!

Nuestro objetivo en este momento es dar a luz una nueva realidad. El parto no es fácil, pero nos encanta la idea de tener un nuevo bebé. Los bebés dan mucho trabajo, y ahí es donde nos encontramos. Afortunadamente, ahora tenemos la capacidad de ser multidimensionales. Un momento, ¿no sabías esto? Bueno, piensa en los últimos meses...: ¿has podido habitar completamente tu dicha, infundiendo amor en tu corazón en lugar de sorpresas o retos? ¿Y las cosas han fluido cuando lo has hecho? ¿Sí? Esto significa que estás en la quinta dimensión. Ahora piensa en los momentos en los que te has centrado en las decepciones o los pesares, o en los que has «perdido la conexión»... Eso es la tercera dimensión. Tu finalidad es elegir expresarte en tu máxima frecuencia, lo cual te alineará por completo con el renacimiento y la frecuencia superior de la Tierra.

El perdón no es necesario

La humanidad tiene acceso a muchos seres de luz extraterrestres y a maestros ascendidos que pueden ayudarnos y apoyarnos. Puedes solicitar su ayuda. Es lo único que *puedes* (y que *debes*) hacer. No tienes que realizar esta transformación tú mismo. Recuerda, el juego de la 3D ha terminado, y ahora puedes elegir. *Ha terminado y acabará cuando no queden más jugadores. ¿Serás el primero en irte o el último?*

La civilización tarda un tiempo en adaptarse y ajustarse. Tu trabajo es permanecer abierto y receptivo a oportunidades nuevas y emocionantes para ayudar a solucionar los problemas del mundo. Esto es siempre cierto, aunque pienses que han ocurrido algunas cosas horribles y que no tienen arreglo. Sin embargo, para cada problema hay una solución. Algunas han aparecido ya. Por ejemplo, existen organizaciones que están saneando y limpiando los océanos. Hay otras que ayudan a los países subdesarrollados a construir pozos de agua para ofrecerles oportunidades básicas en relación con la agricultura y la sanidad. Esto ocurre a pesar del resto de las influencias y acciones externas que se pueden estar moviendo en la dirección opuesta.

La Tierra está preparada para transformarse en un nuevo sistema de amor y luz que te permitirá alcanzar el máximo nivel de evolución posible. ¿En qué punto te encontrarás cuando se produzca esta transformación? Si continúas juzgando a los demás (y, en última instancia, a ti mismo), seguirás atrapado en la tercera dimensión.

En el libro *Beyond the Flower of Life* hablaba sobre las tres Tierras. Esto me fue revelado en el año 2000. Una Tierra estaba tomando la vía de la Ascensión, otra era la «Tierra de la segunda oportunidad» y la tercera era la versión del «fracaso completo». La Tierra de la Ascensión interactuará con la «Tierra de la segunda oportunidad» para contribuir a la máxima evolución de la humanidad. ¿En cuál de ellas te encontrarás tú?

125

LA APARICIÓN DE LOS SÍNTOMAS DE LA ASCENSIÓN

Si puedes recordar quién eres realmente, es posible que un nivel completamente nuevo de amor y luz impregne todo tu ser. Mientras tu cuerpo se esté ajustando, tal vez debas prestar atención a algunas cuestiones físicas. Esto significa que tu cuerpo físico estará diferente. Los cambios que experimentarás te resultarán evidentes. Sentirás lo que muchos denominan «síntomas de la ascensión» y que paso a detallar a continuación.

Sin duda, debes eliminar cualquier tipo de malestar físico, mental o espiritual a través de sanadores profesionales, médicos alopáticos y naturópatas, entre otros. Los sanadores energéticos también pueden determinar si necesitas o no ayuda externa adicional. Si tienes alguno de los síntomas que se enumeran a continuación, no los ignores durante mucho tiempo sin consultar al respecto con profesionales cualificados.

Lo siguiente más importante es consultar con tu yo superior y preguntarle «¿Esto es mío?». Un cliente reciente me contó que, después de una situación emocional difícil, se despertó con un «fuego en el estómago». Evaluó la situación y se dio cuenta de que no había ocurrido nada nuevo que pudiera molestarlo el día anterior, así que se dijo a sí mismo: «¡Esto no es mío!».

Inmediatamente, el fuego desapareció de sus entrañas. Es posible adquirir la energía de otra persona sin darse cuenta. En tal caso, te vendría bien realizarte un trabajo de limpieza.

Algunos han usado la expresión *gripe de la ascensión* para referirse a esto; sin embargo, me parece inadecuado ligar la palabra *gripe* a la palabra *ascensión*. A pesar de que los síntomas pueden recordar a los de la gripe, es una terminología inapropiadamente negativa, así que no utilizo esta denominación. Considero que los síntomas de la ascensión son una oportunidad para el crecimiento, ya que implican que nuestros cuerpos están evolucionando y transformándose en seres de conciencia superior. Todos los síntomas están relacionados con la forma en que el cuerpo procesa las experiencias. Es parecido a cuando empiezas a ir al gimnasio. Puede que te duelan los músculos porque los has trabajado demasiado o porque los estás usando por primera vez. Con el tiempo, los síntomas de la ascensión remitirán según vayas ajustando tus hábitos de descanso, alimentación y ejercicio.

No todo el mundo tiene estos síntomas. Si los tienes, te ruego que no te vanaglories de ello. En todos los casos, se deben a que una parte de ti (cuerpo, mente o espíritu) presenta resistencia, ya sea por falta de familiaridad o porque los ajustes se producen más rápido de lo que puedes integrarlos.

Los síntomas pueden persistir durante más de un año; como te recomendé antes, visita a un profesional médico si tienes molestias y descarta cualquier otra cosa que pueda necesitar atención.

SÍNTOMAS DE ASCENSIÓN FÍSICOS

- Molestias en los senos paranasales, mayor incidencia de infecciones en los pulmones o los senos, lo cual de hecho permite que haya más espacio para que la glándula pineal aumente de tamaño. No obstante, este aumento de tamaño también puede deberse a la limpieza del cuerpo en general. Consulta las soluciones más adelante.
- Tos, que puede proceder de la limpieza del chakra del corazón.
- Fluctuaciones en la temperatura corporal.
- Pitidos en los oídos (*tinnitus*).
- Eructos (más información más adelante).
- Latidos irregulares.

- Cambios en el apetito o las preferencias alimentarias (por ejemplo, ya no te apetece comer carne sin un motivo concreto).
- Sensibilidad al ruido y la luz.
- Náuseas y confusión.
- Mareos y vértigo.
- Confusión y desorientación, incluido el mareo por movimiento.
- Despertarse con frecuencia para orinar (puede no ser un signo de envejecimiento, ya que incluso es posible que la vejiga no esté llena). A veces esto se debe a que se está produciendo un trabajo durante el sueño y tus «ayudantes invisibles» pueden crear esta agitación para que te muevas y te desplaces.

SÍNTOMAS DE ASCENSIÓN MENTALES

- Ver apariciones.
- Oscilar entre la euforia y el aturdimiento.
- Sueños vívidos.
- Mayor sensación de claridad.
- Problemas con la memoria a corto plazo.
- Ansiedad.
- Cambios de humor o purga emocional.
- Leer la mente de otras personas sin saberlo hasta que te lo dicen.
- Mayor interés en temas espirituales.

SÍNTOMAS DE ASCENSIÓN EMOCIONALES

- Mal humor y cambios de humor.
- Más sensibilidad a tus propios sentimientos.
- Fatiga o agotamiento emocional abrumador.

- Sensibilidad a la energía y los sentimientos de los demás (recuerda que debes preguntar: «¿Esto es mío?»).
- Llorar por cosas que antes no te hacían llorar.
- Reír de forma incontrolable sin motivo ni causa aparente.

Trabajar con estos cambios hace que el cuerpo se fortalezca y sea más capaz de pasar a una mayor vibración. O si la actualización no se produce de forma tan fluida como te gustaría, trabajar con estos cambios te ayudará a facilitar el proceso.

SOLUCIONES
- No te juzgues.
- No te resistas; la resistencia prolongará o intensificará los síntomas.
- Medita más; escucha meditaciones guiadas. Son especialmente útiles las meditaciones llamadas *Golden Bowl* [Cuenco dorado], *MerKaBa* (tanto la versión clásica como la de 5D) y *5D Mind Mastery* [Maestría de la mente de 5D].
- Pasa más tiempo en la naturaleza.
- Duerme más.
- Para producir más óxido nítrico (el antiviral natural), plantéate taparte la boca por la noche con un trozo de esparadrapo del tamaño de un sello. Esto garantizará que mantengas la boca cerrada, lo cual contribuye a la producción de óxido nítrico.
- Las experiencias más comunes son la sensibilidad a la luz y a los ruidos. Haz lo que sea necesario para minimizar estas molestias en tu vida. Como recomendé anteriormente, cúbrete los ojos por la noche.

James Nestor, investigador y autor del libro *Respira*, ha entrevistado a cientos de expertos en la respiración y las formas en que las personas han mejorado su manera de respirar. Numerosos individuos han indicado que la meditación guiada *Golden Bowl* [Cuenco dorado] les ha abierto los senos paranasales. Se sabe que las técnicas de respiración mejoran la meditación. Retener la respiración al exhalar (sin que provoque incomodidad) es una práctica tibetana muy conocida para aumentar la longevidad. Por último, también se sabe que emitir un sonido parecido a un zumbido aumenta la producción de óxido nítrico, lo cual mejora en gran medida cualquier problema en los senos paranasales.

En mi investigación para la meditación del cuenco dorado *Activate your Sixth Sense* [Activa tu sexto sentido],* descubrí que algunos místicos llamaban a todos los senos paranasales juntos, tanto frontales como posteriores, «el cuenco dorado». Encontré una referencia al Cuenco dorado en uno de los libros de sabiduría, en las versiones tanto hebrea como cristiana del Antiguo Testamento. Se encuentra en Eclesiastés 12: 6-7, escrita en tercera persona por un hombre que examina su vida y sus experiencias.

Este versículo también hace referencia al cordón de plata, lo cual es importante porque yo creo que ambos están relacionados.

EL CORDÓN DE PLATA

En la literatura espiritual se habla del cordón de plata como la conexión entre el cuerpo espiritual y el cuerpo físico, especialmente cuando tienes una experiencia extracorpórea: este cordón te mantiene anclado al cuerpo para evitar que te desconectes y mueras.

---

* Ganadora del premio de oro 2020 de la Coalition of Visionary Resources (COVR) al CD del año.

También se sabe que, cuando el cordón se rompe, se abandona el cuerpo físico y el cuerpo espiritual queda libre para volver a casa con Dios.

Hay una cita del Eclesiastés que dice: «Acuérdate de tu Creador en los días de tu juventud, antes de que la cadena de plata se quiebre y se rompa el cuenco de oro». En el versículo 7 continúa con «y el espíritu vuelva a Dios».

Edgar Cayce habló de una experiencia que tuvo con el ángel de la muerte, y también hizo referencia a la conexión del cordón de plata. Le sorprendió ver que el ángel de la muerte era un bello ser que llevaba unas tijeras, lo cual difiere bastante de muchas representaciones familiares de este ser. Pero no olvidemos que en Eclesiastés 12: 6-7 el autor nos anima a actuar ahora y no esperar a ser viejos, cuando es demasiado tarde. Como indiqué anteriormente, el cuenco dorado es el conjunto de los senos paranasales. Estos se encuentran en la parte delantera de la cara y rodean todo el cráneo hasta la parte posterior. En realidad, hay doce cavidades sinusales en el cuerpo humano y no se conoce el propósito concreto de cada una de ellas. Si tenemos esto en cuenta, junto con la cita bíblica, podemos empezar a vislumbrar que los senos tienen verdaderamente una utilidad espiritual. El cuenco dorado hace referencia a estas cámaras de aire alrededor de la nariz y la cara que, como dije antes, se extienden hasta la parte posterior de la cabeza. Estas cámaras de aire y algunas pequeñas glándulas son las receptoras o los centros de percepción espiritual que reciben la conexión cósmica con la Fuente. Figúrate: ¡los senos paranasales podrían ser tu antena parabólica interna! Esta inteligencia superior ahora puede manifestarse en ti gracias a esta meditación para limpiar y activar que te prepara para recibir la comunicación. En la quinta dimensión hay un fluir continuo procedente del cosmos, lo que te convierte en un canal abierto con la Fuente que te ayudará a despejar no solo los senos físicos, sino que también activará los receptores de tu cuerpo mental y tu cuerpo espiritual. La sensación de la apertura de los senos es la manifestación física de la expansión de estos receptores. La meditación del cuenco dorado es extremadamente poderosa para que puedas acceder a los aspectos ocultos de tu sexto sentido, que ha permanecido dormido debido a diversos tipos de contaminación.

EXPLICACIÓN SOBRE LOS ERUCTOS

Como mencioné anteriormente, otro extraño pero válido síntoma de la Ascensión es el hecho de eructar con frecuencia, especialmente después de una limpieza o un profundo momento de lucidez. En un inicio, vi esto habitualmente en China en los talleres que impartía allí. Los estudiantes se preguntaban a qué podía deberse. En principio pensé que podría ser por algún tipo de limpieza. Sabía que normalmente le ocurría a alguien que tenía dudas sobre la efectividad del trabajo espiritual que realizaba. En este punto, se producían los eructos. Pasaba tan a menudo que empecé a felicitar a las personas a las que les ocurría, tal y como me aconsejaron mis guías. Me dijeron claramente que era una confirmación de que estas personas habían logrado el objetivo previsto.

Una de mis estudiantes chinas recurrentes se quejaba de que eructaba mucho varias veces al día. Antes de las clases sobre registros akáshicos, casi nunca lo hacía. Se trataba de una estudiante brillante que daba respuestas maravillosas en clase. Tenía un gran talento natural y ofrecía información muy impactante de sus guardianes de los registros. Se preguntaba si los eructos eran una confirmación de su trabajo espiritual. Cuando no le ocurría durante la formación de registros akáshicos, pensaba que se estaba perdiendo algo.

En el libro *Abrir los registros akáshicos* y en las formaciones presenciales, hablo sobre los *indicadores*, que son experiencias físicas identificables que se producen en el cuerpo (algo similar al funcionamiento del GPS) y que te ayudan a encontrar el camino. Ayudan a los estudiantes a confirmar que realmente acceden a los registros akáshicos. Algunos de estos indicadores son el sonido sin sonido (una forma de ruido blanco en la conciencia interior que nadie más puede oír) y presión en el pecho, lo cual indica la presencia de una conexión con los registros akáshicos. Esta estudiante en particular también se había quejado de que no percibía ningún indicador.

Los guardianes de los registros le hablaron a través de mí. Esto es lo que dijeron: «Precisamente tú no necesitas indicadores. Todos los demás estudiantes de la clase escuchan tus respuestas y se preguntan por qué no reciben la misma información asombrosa que tú».

«Sí, pero yo no recibo ninguna forma de confirmación», se quejaba ella.

Como se detalla más adelante en la narración de Vilma, le expliqué a esta estudiante que una vez, en China, existió una secta sanadora que utilizaba los eructos como una forma de confirmación de su trabajo. Esa versión de sí misma se manifestó para «confirmarle» que realmente estaba obteniendo información correcta, para disipar sus dudas. Le pregunté si cuando iba a su tienda favorita, después necesitaba usar el GPS para volver a casa. Ella sonrió y dijo: «¡Ahora lo entiendo!».

Si tienes este problema y no quieres estar eructando todo el tiempo, realiza una meditación en la que te encuentres con la versión de ti mismo que usaba esta forma de confirmación y agradécele que se haya manifestado en tu mundo en este momento y te haya ayudado a reconocer y aceptar que recibes información divina de forma precisa. Después, pídele al arcángel Miguel que acompañe a esta versión de ti de vuelta a casa, con Dios. Me pidieron que revisara el último libro de la escritora y presentadora de radio Jean

Adrienne, *Conjunctio*, sobre este tema, y esto es lo que compartió conmigo:

> Conocí a Vilma cuando acudió a mí en busca de ayuda para algo que le preocupaba: no paraba de eructar. Había visto a médicos y a una serie de sanadores alternativos sin ningún resultado. Uno de los sanadores le habló de mí. Su sesión de InnerSpeak[*] fue particularmente alarmante para mí porque, cuanto más trabajaba con ella, más se intensificaban los eructos. Consideré seriamente la posibilidad de decirle que no podía ayudarla. Pero entonces descubrí algo que nos sorprendió a las dos: Vilma había tenido una vida anterior en China, donde había pertenecido a una secta sanadora que utilizaba los eructos como una forma de confirmación de su trabajo. En esa vida, había hecho algo que hizo que perdiera la fe en sí misma y en sus capacidades. De hecho, la fuente exacta de su problema era «sentirse impotente frente a la voluntad ajena». Su yo superior dijo que lo que tenía que hacer era crear mentalmente una botella e invitar a esta vida pasada a entrar en ella, taparla con un corcho y entregársela a Dios. Nada más hacerlo, dejó de eructar para siempre.[**]

---

[*] InnerSpeak es una nueva modalidad de *coaching* y sanación desarrollada por Jean Adrienne que permite eliminar bloqueos kármicos y ancestrales.

[**] Jean Adrienne, *Conjunctio*, 2020, pp. 11-12.

8

¿Qué pasa con la Tierra?

La Madre Tierra va a experimentar una transformación. Puede que tenga que suprimir ciertas energías. Es posible que nuestros hermanos extraterrestres tengan soluciones avanzadas para algunos de los problemas básicos. Tal vez nos ofrezcan estas soluciones telepáticamente o, una vez que se reconozca la existencia de los extraterrestres, influyan directamente en las soluciones.

Toda la contaminación y los abusos de la Madre Tierra, también conocida como el ser vivo Gaia, desaparecerán. Parte de la limpieza se producirá casi de forma instantánea, mientras que otras tareas de limpieza se llevarán a cabo a través de tecnologías que aún no conocemos. No será necesario preocuparse, tener miedo ni luchar por las cosas. En su lugar, visualiza que nuestro hermoso planeta tiene un equilibrio perfecto tanto en el reino vegetal como en el animal, y que está vigilado por guardianes humanos respetables.

Nuestra próxima etapa de desarrollo en la 5D hacia un reino de creación completamente nuevo tendrá un límite. Ten en cuenta lo siguiente: no hay evidencias científicas que respalden un universo plano. Los científicos que siguen la tendencia dominante han concluido lo siguiente: «Todo lo que pensamos que sabemos sobre la forma del universo podría ser erróneo. En lugar de ser plano como una hoja de papel, el universo podría ser curvo, como un globo hinchado gigante, de acuerdo con un nuevo estudio de la cosmóloga Eleonora Di Valentino, de la Universidad de Manchester, el cosmólogo Alessandro Melchiorri, de la Universidad Sapienza de Roma, y el cosmólogo Joseph Silk, de la Universidad Johns Hopkins».[*]

En este momento se te exige que evalúes lo que sabes y lo que crees. También se te exige que pongas a punto tus herramientas. Empezamos desde cero. Para que el juego continúe, los planetas influyen en la energía que desciende sobre la humanidad. Los humanos han estudiado esta energía durante siglos, y esto es lo que hoy conocemos como astrología. Existen muchos tipos de astrología, pero todos se basan en el mismo principio: ciertos planetas representan ciertas energías que influyen en nuestros actos. Yo utilizo un calendario astrológico como un mapa o un GPS. Dejo que me advierta sobre las energías latentes que afectan a los seres humanos. Aunque no permito que la astrología me domine, al igual que un GPS es una poderosa herramienta de navegación. Resulta útil saber cuándo un paso está cerrado a fin de buscar otro camino para hacer algo o posponerlo hasta un momento más propicio. La astrología nos ayuda a entender las plantillas habituales del universo.

---

[*] Sus hallazgos se publicaron en *Nature Astronomy* 4, 11, 2019, Alessandro Melchiorri, Eleonora Di Valentino y Joseph Silk, 196-203 (2020).

MERCURIO RETRÓGRADO

Lo que no se conoce por lo general sobre la astrología es que puedes decidir no jugar al juego. Les digo a mis amigos astrólogos que sé lo suficiente sobre astrología como para resultar peligrosa. Esto lo hago para reírme de mí misma, ya que sigo su información de cerca. Sin embargo, hay momentos en los que los planes astrológicos y los míos no concuerdan. Cuando ocurre esto, busco una «solución alternativa». En la quinta dimensión, es fácil salirse del juego. Llegaremos a esto en un momento.

Muchas personas han oído hablar de Mercurio retrógrado, que se produce entre tres y cuatro veces al año y dura unas tres semanas cada vez. ¿Qué significa que esté retrógrado? Esto ocurre cuando un planeta que se mueve más rápido sobrepasa a otro más lento y da la impresión de que el lento se mueve marcha atrás. Es como dos trenes paralelos que avanzan en la misma dirección, pero el más rápido hace que el más lento parezca moverse hacia atrás. Y, lo que es más importante, ¿en qué te afecta? Esto implica que irás más despacio, revisarás el pasado, reconectarás con amigos de entonces, finalizarás tareas atrasadas y dejarás a un lado todo lo «nuevo» y reluciente con lo que actualmente estás intentando avanzar.

Mercurio, el planeta del movimiento, los aparatos y la comunicación, puede afectarte y retenerte, provocar retrasos y otros problemas. ¿Qué tienen de bueno los períodos de Mercurio retrógrado? Son un momento ideal para limpiar los armarios, o para revisar un proyecto o un libro, ya que, al repasar lo que tienes o lo que has hecho durante un tiempo, puedes determinar con precisión las mejoras necesarias. Asimismo, Mercurio retrógrado te da segundas oportunidades para arreglar relaciones rotas y sanar viejas heridas. Reiniciar una práctica espiritual abandonada también resultará más fácil con una retrogradación.

Hace muchos años, un hombre encantador con el que había estado saliendo vino a decirme que había conocido a alguien con quien quería empezar a verse. Yo viajaba mucho y no nos veíamos tanto como suelen hacerlo muchas parejas. Recuerdo que les dije a mis amigas: «Volverá. La conoció durante una retrogradación, así que esto no durará». Efectivamente, yo tenía razón y no duró. Y él volvió. (Sin embargo, con el tiempo se mudó y al final perdimos el contacto).

Podemos encontrar el camino gracias a esta plantilla que nos ofrece el universo si ajustamos el rumbo; reconsideramos nuestras esperanzas y deseos, relaciones y acciones, y exploramos las heridas más profundas de nuestra psique. ¡Está a nuestra disposición todos los años! Consulta con un buen astrólogo para entender lo que ofrece cada año y utiliza tus herramientas favoritas para solucionar y resolver todas las acciones inesperadas y reacciones que se producirán.

Permítete estar en paz en estos tiempos de incertidumbre y caos. Es el momento de usar tus herramientas, como las mezclas de aceites Orion y el Intention Disk, de forma proactiva. Empieza ahora preguntándote: «Si tuviera una varita mágica, ¿qué haría para cambiar las cosas? ¿Qué haría para que mi vida fuera perfecta? ¿Qué haría para ayudarme a mí mismo o al mundo?». Juega a este juego diariamente. Te ayudará a eliminar los viejos paradigmas innecesarios de forma mucho más rápida.

Esta es una manera de poder participar proactivamente en la creación de tu futuro.

EL CRISTAL DEL CLIMA

Conocí a Tuc en Ciudad de México, en el autobús de camino a un taller sobre la semilla de la vida. Sentimos una conexión instantánea y empezamos una conversación muy intensa sentados uno junto al otro en el largo viaje en autobús hasta Tonalli. Tuc era el que hablaba casi todo el rato. En un momento, se detuvo y me dijo: «Eres la primera persona en más de treinta y cinco años con la que no tengo que bajar el ritmo, repetir algo o decirlo de otra forma». Le agradecí el cumplido. Posteriormente, se refirió a mí como Índigo 1.1 y a sí mismo como Índigo 1.3.

Durante el taller, caímos juntos por azar en los grupos que se formaron en las tres primeras de las cuatro ocasiones. Otro hombre, al que llamaré Andrew, también cayó con nosotros esas tres veces. Empezamos a hacernos amigos. Tuc ofrecía sanaciones a todo el mundo. Pregunté varias veces a mi yo superior durante los siguientes días para ver si debería someterme a una «sanación» con él. No parecía que hubiera ninguna energía en un sentido ni en otro, así que lo dejé pasar. Sin embargo, el último día, recibí la aprobación de mi yo superior y quedé con Tuc en la cafetería a las seis de la mañana para mi sesión de sanación. Le dije a Andrew que iba a tener una sesión con Tuc el sábado y le pregunté si él también quería una. Me dijo:

—Puede que sí.

Y Tuc respondió:

—Bien, lo haré con ambos a la vez.

Los tres nos reunimos a las seis de la mañana y, poco después, mientras decidíamos lo que íbamos a hacer, me volví hacia Andrew y le dije:

—Tú no deberías recibir una sanación.

Él me respondió:

—Sí, me ha llegado eso mismo.

«¿Qué haces aquí?», me pregunté entonces en voz alta. Se me mostró fugazmente que su presencia era necesaria para actuar como centinela. Él asintió; también le pareció que debía ser así.

Sabíamos que tendría que trabajar mano a mano conmigo, pero necesitaba que alguien hiciera guardia. Finalmente comprendí que había un altísimo riesgo en lo que estábamos a punto de hacer. Era mucho más importante de lo que cualquiera de nosotros había pensado inicialmente si era necesario que Andrew montara guardia. Era algo trascendental.

Durante la sanación, Tuc y yo retiramos con cuidado un cristal muy grande (unos 90 centímetros) de mi fémur derecho. Lo coloqué en la atmósfera para que se pudiera utilizar. No sé quién más conoce la forma de usarlo, aparte de mí. Lo llevaba escondido en el cuerpo desde los tiempos de la Atlántida. Ahora era el momento de liberarlo en la atmósfera.

TRABAJADORA DEL CLIMA

Desde entonces, he descubierto que estoy trabajando con el clima. Cada vez que voy a una ciudad, incluso aunque haga muy mal tiempo y haya previsiones de lluvia durante el fin de semana, en cuanto mi avión aterriza el tiempo mejora y permanece así todo el fin de semana. Mis anfitriones siempre dicen: «¡Vaya, has traído el buen tiempo contigo!». Yo solía sonreír y no le daba mayor importancia.

Un día, después de un par de años de recibir estos comentarios, caí en la cuenta de que el tiempo cambiaba en el momento en que yo llegaba al lugar que fuera. Empecé a realizar pruebas con el universo para ver si realmente yo influía en el clima. Me sentí un poco como Superman, intentando no hacer daño a nadie mientras probaba mi poder. Después, acepté el don que se me había concedido y realicé un entrenamiento interno sobre cómo trabajar con el clima. Al principio, me preguntaba con qué autoridad manipulaba yo el clima. Mis guías se rieron de mí y me dijeron que sus instrucciones siempre tenían que ver con que yo «deshiciera» el daño creado por los manipuladores del clima irrespetuosos (creados por los humanos y generados por las máquinas). (Yo siempre pedía permiso para lo que hacía con el clima a mi yo superior y a la Madre Tierra).

Una vez, en una reunión familiar al aire libre, el cielo se cubrió de nubes. Una vecina y yo fuimos las últimas en entrar en casa; la hoguera que habíamos encendido estaba preciosa. Me hizo mirar al cielo, y las nubes lo cubrían todo con una excepción: directamente sobre mi cabeza había un espacio despejado, y no era a causa de la hoguera, ya que yo no me encontraba cerca de ella.

En otra ocasión, serví la cena en el patio y mi invitada se fijó en lo bonitas que eran las nubes. Más tarde, salimos fuera y observó que las nubes habían cubierto el cielo por completo. Parecía un poco un rompecabezas, o como si el cielo estuviera lleno de charcos de lodo secos y agrietados. Sentí el impulso de contarle algunas de mis experiencias con el clima, y así lo hice. Veinte minutos más tarde, cuando nos preparábamos para volver dentro, miré hacia arriba y había un pequeño espacio despejado entre las nubes, igual que las otras veces.

Cuando mi sobrina se iba a casar en Normandía (Francia), fui con ella a dar un paseo por los terrenos del castillo donde se celebraría el banquete al día siguiente. Hacía muy mal tiempo: nublado, frío, lluvioso..., un día especialmente gris. Le había preguntado a mi yo superior si tenía permiso para trabajar con el clima para la boda de mi sobrina y me dijeron: «La novia debe tomar la decisión». Así que la tomé del brazo y le pregunté qué tiempo le gustaría que hiciera. Sin dudarlo, dio una serie de instrucciones, como si estuviera hablando con la empresa de *catering*. De entrada, el clima debería cambiar a soleado y cálido; necesitábamos una ligera brisa para que todo se secara. Y tenía que permanecer así también al día siguiente, ya que la abuela del novio de mi sobrina había organizado un *brunch* al aire libre.

Al día siguiente, el día de la boda, el clima seguía siendo frío y lluvioso. Hice mi «trabajo con el clima» y, a las 15:30, seguía estando todo gris. Esperé. La boda era a las 16:00, y a las 15:40 comenzó a clarear. A las 15:50 brillaba el sol y a las 16:00 nunca habrías pensado que el día había amanecido nublado. Permaneció así hasta las 14:00 del día siguiente, una vez finalizado el *brunch*. A las 14:00 empezó a llover con intensidad y siguió así durante dos horas; después, siguió estando nublado y lloviendo durante dos días más. Mi sobrina me lo agradeció. Le dije que no se molestara en contarle a nadie, aparte de su hermana pequeña, lo que había pasado entre nosotras en relación con el tiempo, ya que nadie la creería.

Durante un corto período, hace unos años, sentí y vi la presencia de las esferas azules, las cuales han estado bañando la Tierra con energía cósmica muy alta para contribuir a nuestros esfuerzos. Piensa en los padres que tienen que ir a la escuela porque sus hijos «no van bien» en los estudios. Sus energías (de las esferas azules) respaldan nuestras iniciativas. Las esferas azules son seres cósmicos que trabajaban en la Tierra y alrededor de ella cuando la humanidad necesitaba asistencia para evolucionar. Su presencia era intensa en ese momento (durante la boda) y me afectó profundamente, así como a toda la Tierra. Cuando nuestra ascensión estuvo garantizada, regresaron a la Fuente. Su presencia parecía indicar que «el traspaso de poderes» a la humanidad había llegado a su fin y estaban aquí para asegurarse de nuestro cambio de rumbo.

9

Herramientas de poder
Aprender de los Señores del Tiempo

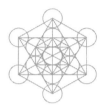

Somos los Señores del Tiempo. Estamos preparados para ayudarte a expandir tu conciencia y tu comprensión sobre el tiempo, una cuestión fácil para nosotros y bastante compleja para ti. Te pedimos que te sitúes en el centro de una esfera y te veas a ti mismo con cientos de hilos que salen de ti en todas las direcciones. Ten en cuenta que, a veces, cuando sufres cambios y tu conciencia varía, todos los hilos van tras de ti como un río. Y, otras veces, tu conciencia vuelve a cambiar y todos los hilos van en distintas direcciones. En otras ocasiones, los hilos se concentran en la mitad de la esfera a tu alrededor.

Comprende que estos hilos de conexión son fluidos, pero tu concepto del tiempo no lo es. Hasta este momento, puede que hayas pensado que el tiempo es lineal. Has oído que el tiempo no es lineal o que el tiempo no existe. Esto no está bien expresado. El tiempo existe en la realidad de la conciencia como un constructo para permitir que tengas experiencias.

Cuando experimentas cosas, hilvanas estas experiencias juntas en una cadena. Esto hace que creas que el tiempo es lineal. Toda la conciencia juega al juego del tiempo. Toda la conciencia se está preparando ahora para cambiar la forma en que trabaja con el tiempo y, en lugar de ver el tiempo como «no tiempo», te comunicamos que empezarás a experimentar inicialmente varios tiempos.

Por tanto, tendrás experiencias durante el sueño donde te encuentras en otro tiempo o en otras versiones diversas de tiempo. Esta complejidad puede mostrarse inicialmente en los sueños, como se explica más adelante. Podrías verte viviendo el camino que no has tomado. El tiempo es fluido, como el agua de un río, y tú simplemente lo experimentas como si estuvieras inmóvil. El tiempo es una serie de instantáneas y puede funcionar de muchas formas. Te pedimos que te tomes el tiempo de disfrutar de la inmovilidad. La inmovilidad te llevará a una percepción del tiempo que va más allá de tu experiencia actual.

Puedes desplazar el tiempo y expandirlo o contraerlo. ¿Cómo se hace esto?

Imagina que tienes la capacidad de ir a cámara lenta, de manera que puedes vivir tus experiencias más y más profundamente. Abandona la necesidad de poner una alarma. Abandona la necesidad de llevar un reloj de muñeca. Abandona las reglas que sigues en relación con el tiempo del mundo del tiempo mecanizado y déjate llevar por el fluir del tiempo de la Tierra. Esto te armonizará con ella y te ayudará a formar parte de la gran conciencia que te espera cuando expandas tu nivel de conciencia hasta alcanzar tu yo de 5D.

Te animamos a estudiar el MerKaBa de 5D y a utilizar las herramientas de 5D que este canal (Maureen) ha puesto a tu disposición. Te pedimos que decretes sinceramente: «No volveré a llevar un reloj de pulsera. No tengo la necesidad de saber qué hora es. Solo necesito saber lo que tengo que saber antes de que sea necesario saberlo. El resto vendrá dado».

Te invitamos a bendecir tu experiencia con el tiempo y a desengancharte de la necesidad de conocer la edad de las personas y otros detalles relacionados con el tiempo. En su lugar, lee su corazón, siente su energía y expándete a la conciencia del uso mágico del tiempo en tu beneficio. El tiempo ya no puede gobernarte. Cuando decretes que esto es así, se eliminarán todos los obstáculos. Permite que tus herramientas brillen y te ayuden a convertirte en tu versión más divina. Esto lo harás en *nada* de tiempo. Estamos siempre a vuestro servicio. Somos los Señores del Tiempo.

LOS SEÑORES DEL TIEMPO

SEPTIEMBRE, OCTUBRE Y DICIEMBRE DE 2015, LOS SEÑORES DEL TIEMPO

Somos los Señores del Tiempo y estamos listos para ayudarte a maximizar tu comprensión y tu entendimiento sobre la energía de la matriz espaciotemporal. Tienes una gran capacidad para mantener esto en tu campo y debes aceptar el don que posees y que se mueve a través de ti permanentemente (a través de la entonación).*

La matriz espaciotemporal es un plano, pero es fluido. Se adapta a la situación y a las circunstancias, y se puede curvar y moldear. Además, puedes borrar las impurezas o las experiencias indeseadas de tu conciencia simplemente plegando el tiempo. El primer ejercicio retoma unas instrucciones que recibiste hace algún tiempo: debes crear en tu mente (y en la 3D, si lo deseas) una matriz que produzca un resultado final que ya sea un éxito.

Instrucciones para plegar el tiempo

Imagina un tubo lo suficientemente grande para que un ser humano quepa dentro. Visualízate en la situación actual y en una situación futura de forma simultánea. En ambos escenarios, este tubo gigante te rodea. Maureen ha escrito sobre «dejar la incredulidad en suspenso», como

---

* Maureen había estado entonando antes de la sesión de canalización.

cuando vas al cine y ocurren cosas en la pantalla que te hacen sobresaltarte, llorar o reír. Tu reacción al sobresaltarte o reírte es como si estuvieras en la película que estás viendo. Cuando dejas la incredulidad en suspenso, sabes que estás tanto en la escena de la película como en el cine simultáneamente.

Comprueba que puedes plegar la realidad y alinear las dos experiencias como si ambas existieran en sus correspondientes tubos de idéntico tamaño procedentes del tejido del tiempo. Pliega el tejido de forma que las dos experiencias estén una sobre la otra y una fluya a partir de la otra. Imagina esto mentalmente, viendo cómo te deslizas de un tubo al otro sin esfuerzo. Visualiza tu energía como gotas de líquido por fuera de este tubo doble, como gotas de rocío que pueden conectar estos dos tubos sin fisuras para crear un único tubo largo. Haz esto al menos tres veces para cada uno de los resultados deseados, junto con la entonación que se produzca.*

> El tiempo sirve para disfrutar de cada momento,
> no para mantenerte preso.

La finalidad de la entonación y la visualización es contribuir a liberarte del yugo del tiempo. El tiempo sirve para disfrutar de cada momento, no para mantenerte preso. Eres un ser cósmico y, como una expresión humana de ese ser, tienes la capacidad de entrar en el tiempo y salir de él. Eres capaz de usar tu agujero de gusano personal (como en el ejercicio de entonación) y de liberarte de la versión de la realidad que te impide avanzar. Usa la entonación para liberarte. Usa la entonación para crear una nueva realidad. Da pequeños pasos por el agujero de gusano hasta que alcances la maestría. Aprende, estudia, practica. ¡Estás en buen camino!

---

* Puedes usar la voz para emitir sonidos que surjan de manera espontánea.

6 DE NOVIEMBRE DE 2019, LOS SEÑORES DEL TIEMPO

Queremos enseñarte cómo trabajar con el tiempo y cómo manipularlo. Primero, deja de llevar reloj de pulsera. Segundo, aprende a empezar el día sin utilizar una alarma. Esto permite desligarse del uso del tiempo correspondiente a la conciencia colectiva. Visualízate en un día ajetreado, preocupado por ser capaz de hacer todo lo que tienes que hacer. Imagina una larga cuerda estirada y marca en ella cada una de las tareas pendientes. Ahora, enrolla la cuerda. Observa todas las tareas que deseas hacer en este día tan ocupado marcadas en la cuerda a la espera de ser realizadas y entonces visualiza la cuerda enrollada con todos los puntos de acción nodales alineados y siendo completados simultáneamente. (Los puntos nodales son donde dos líneas de tiempo se acercan y empiezan a avanzar juntas, e incluso se pueden fusionar brevemente. Cuando estos puntos nodales se fusionan o existe un gran paralelismo entre ellos, se puede abrir un agujero de gusano).

Una de las integrantes del Ascension Institute, Jane, tuvo un sueño en el que daba clase a una chica joven en un entorno que no le resultaba familiar. Era una buena estudiante y estaba interactuando alegremente con Jane en el sueño, que era muy vívido. Imagina la sorpresa de Jane a la mañana siguiente cuando, al subirse al metro de Nueva York, se sentó justo enfrente de una chica idéntica a la que había visto en el sueño. Se preguntó si el sueño sería una especie de proyección de futuro o si se trataba de algún otro tipo de experiencia. Se veía a sí misma en una línea temporal diferente en la que su camino se cruzaba con el de la joven. Este «cruce» o avance paralelo cercano permitió que estas líneas temporales se fusionaran.

Este cruce de líneas temporales tiene grandes ventajas, muchas de las cuales se producen cuando grupos muy numerosos se reúnen para meditar con un mismo fin. ¿Por qué son tan beneficiosas las meditaciones masivas? Se debe a que permiten saltar entre líneas temporales a través de los puntos nodales. Las meditaciones masivas se suelen organizar con un propósito concreto, normalmente para sanar el planeta de alguna manera.

Queremos que sepas que todas las versiones (buenas y difíciles) pueden estar en el mismo tiempo que las demás y que también pueden estar unas sobre otras. Y pueden producirse simultáneamente.

Asimismo puedes usar este conocimiento sobre las líneas temporales de otra forma. Empieza por un proyecto pequeño, un suceso intrascendente. Puedes ajustar el tiempo, tu experiencia sobre el tiempo y tus habilidades en el tiempo. Haz una oración de intención muy clara: «Me voy a desenganchar del tiempo. Durante las próximas horas, voy a ser capaz de lograr lo que normalmente llevaría más tiempo. Puedo hacerlo a tiempo, justo a tiempo y con suficiente tiempo».

LOS SEÑORES DEL TIEMPO

Una y otra vez, los Señores del Tiempo te piden que tengas en cuenta que el tiempo es un constructo. Pasado, presente y futuro ocurren todos a la vez. Este es un concepto difícil. Ciertos seres (no nombrados) podrían «plantar» cosas en el entorno arquitectónico, desenterrarlas y llamarlas historia. Insertar cosas en el constructo afecta a toda la memoria de todas las mentes.

Aunque la inserción sea nueva, todos la recuerdan como si siempre hubiera sido así. La historia ha sido alterada, y muy pocos son capaces de contar la verdadera historia de la Tierra.

Este tipo de alteración afecta a la memoria de todos porque está en *toda* la memoria.

Sabemos que el tiempo lineal es un constructo. En esferas más elevadas, sabemos que todo ocurre de forma simultánea. El velo oscuro que la humanidad ha estado disolviendo se insertó sobre vuestra realidad y borró muchos de vuestros recuerdos. Esta división y fusión de líneas temporales permitió la confusión y la falta de confianza en los chamanes y los sanadores de este planeta. Esta manipulación os ha hecho pensar que la vida/conciencia siempre ha sido así; en otras palabras, que la presencia del mal es real y que debéis vivir con cierta cantidad de oscuridad.

Estas manipulaciones permiten recrear y revisar diversas líneas temporales con nuevas inserciones, lo que podría explicar el efecto Mandela. El efecto Mandela es un fenómeno que consiste en que algunas personas recuerdan la noticia de que Nelson Mandela murió en prisión, y que se cuestionaron su cordura cuando fue liberado hasta que se enteraron de que había muchos otros que compartían ese mismo recuerdo. Yo soy una de esas personas.

NO DEJES DE PLANTEAR PREGUNTAS Y APRENDE EL IDIOMA DEL YO SUPERIOR

En el libro *Beyond the Flower of Life* señalo que existen cinco razones para la respuesta neutral. Muchos no recordarán que la neutralidad puede ser una respuesta del yo superior. La respuesta neutral no significa «quizá», sino que implica siempre que no se producirá ninguna diferencia en el resultado.

Puede que recuerdes cómo aprendiste a conectar con tu yo superior. Imagina que estás en una canoa en un río y hay una isla en el centro. Puedes elegir el camino de la derecha o el de la izquierda para sortear la isla. Ambos son prácticamente iguales. Tu destino está más allá de la isla, así que no supone ninguna diferencia. Las cinco razones posibles para la neutralidad se detallan en el capítulo cuatro de *Beyond the Flower of Life*. No obstante, incluiré aquí una breve explicación. Las cinco razones son:

1. No hay ninguna diferencia.
2. La pregunta es ambigua.
3. No necesitas saberlo.
4. No necesitas saberlo ahora.
5. No es de tu incumbencia.

En el proceso de preguntarme sobre las cosas, empecé a identificar el idioma del yo superior. Cuanto más trabajaba con el yo superior, más me daba cuenta de que la conexión con él tiene su propio idioma.

Inicialmente, los esfuerzos pueden centrarse en obtener una respuesta precisa a las preguntas de sí/no. Después, es posible que empieces a notar, a medida que tu corazón se vaya abriendo, que puedes observar la realidad que te rodea de una forma no crítica. Es decir, observas las cosas como «interesantes» en lugar de «buenas» o «malas». Comienzas a hacer observaciones que reflejan una nueva visión imparcial: «Esto me viene bien, esto no me viene bien». *Este* es el idioma del yo superior.

Dominar este idioma te permite tomar la decisión mental de expresarte de esta manera en todo momento. Cuando lo practicas, adquieres fluidez en la forma de hablar del yo superior. Recuerdo estudiar al difunto Ernest Holmes y su movimiento de la Ciencia de la Mente, que nos enseñó a todos a «pensar en positivo». Muchos necesitaban aprender a observar sus pensamientos negativos. Varias décadas después, se considera algo normal el recordarse a uno mismo que hay que pensar de forma positiva.

Imagina que puedes hacer un avance similar ahora. Decide hablar el idioma del yo superior y elimina las palabras que implican prejuicios. Por ejemplo, en lugar de «no es asunto tuyo» podrías decir «no tienes la clave» o «prefiero no decirlo». Otro ejemplo podría ser sustituir «ha sido muy cruel» por «me pregunto en qué estaría pensando».

Siempre que te «preguntes» algo, estarás hablando el idioma de quinta dimensión del yo superior. El hecho de plantearse las cosas es una maravillosa herramienta para conservar la curiosidad sin caer en el juicio. Esto te conecta con el idioma del yo superior y facilita el hecho de «convertirte» en el yo superior en acción en cualquier momento. Si actúas como un yo superior y hablas como un yo superior, lo lógico es que te conviertas en un yo superior.

Somos los Señores del Tiempo y nos gustaría hablarte sobre diversos malentendidos sobre el tiempo y la idea del tiempo.

Y queremos recordarte que, aunque ya lo sepas, es difícil de asimilar. Te decimos que el tiempo no existe. Existe una secuencia, pero no el tiempo. Te pedimos que pienses en una cinta y te imagines que haces varias marcas en ella. Sin números, solo algunas rayas. Después, colocas una regla al lado de la cinta. Ahora, si miras la regla, puedes buscar el número 2 o el número 5. Pero si no hay números, solo sabes que ves las marcas. El tiempo es como las ramas de un árbol, que se pueden bifurcar y moverse en distintas direcciones. Esto implica que podría existir más de una versión de una situación o un suceso de tu vida. Cuanta más implicación emocional tengas en un suceso a ambos lados, más probable es que crees los dos lados. Esto depende de ti en gran medida. Puede que no te des cuenta, pero estás creando versiones alternativas de la realidad cada vez que tomas una decisión.

Hemos hablado con este canal [Maureen] muchas veces sobre las cinco posibles elecciones para estos constructos: dos niveles por debajo, que corresponden a elecciones no deseables; dos niveles por encima, que corresponden a elecciones deseables, y una elección ideal, que sería la que tomaría el yo superior. Por tanto, incluso en el caso de las buenas elecciones, existen tres posibilidades más que podrían aparecer en tu realidad. Queremos que entiendas que el tiempo, como constructo, es una forma de que los humanos enriquezcan sus experiencias, de que cuenten con un punto de contraste para que puedan decir «antes» y «después».

Te aseguramos que solo existe el tiempo presente. También te podemos garantizar que el futuro podría ser una posibilidad o ser una probabilidad en tu realidad.

Muchas de estas versiones también se bifurcan a medida que creas tus propios procesos de pensamiento.

Cuando mayor cantidad de energía tienes para el presente es cuando te encuentras en modo de manifestación y mueves tus experiencias a un punto diferente del tiempo que establece claramente que has logrado algo. En estos casos, estás cargando el futuro potencial con un futuro probable.

Por este motivo, el sistema del genio de Maureen es extraordinariamente preciso. Permite a la persona moverse de esta versión del presente a otra. Por eso juega con los estudiantes y hace que ellos jueguen, y les dice: «¿A quién le contarás tu buena fortuna y lo bien que te va?». Es como si ensayaras para una película sobre un hecho real, como si se tratara del momento presente. Y a los estudiantes que lo hacen sin pasión, les dice: «Recuerda, la pasión te ayuda a seguir la pista. Ahora, dilo como si lo sintieras de verdad, esto es una clase de interpretación». Obviamente, todos ponen un poco más de pasión la siguiente vez para convencer a Maureen y a sí mismos de que realmente lo sienten y viven el momento.

Queremos que reconozcas que, en cualquier momento dado, cuanta más pasión albergues por un deseo o un sueño, más poder le confieres. Te ofrecemos el ejemplo explícito de trasladarte a un momento de tu futuro en el que superas un examen. Sabes que tienes que hacerlo para conseguir un título. Quieres asegurarte de alcanzar una nota suficiente para poder obtener ese título. Creas una situación en la que ya has aprobado. ¿Cómo te sientes? Crea en tu conciencia la experiencia vívida de compartir tu alegría con alguien importante para ti, alguien que se preocupa por ti y que se va a alegrar tanto como tú de que hayas superado con éxito este examen. De esta forma, multiplicas por dos los anclajes de energía para aumentar el factor de atracción de forma que el universo se vea arrastrado hacia esa versión de la realidad.

Ese factor de atracción crea más atracción. Y cuanta más atracción exista, más atracción seguirá habiendo. Por eso Maureen da la indicación de tomarse el tiempo necesario para sentir el entusiasmo. Date tiempo para apreciar tus logros. Date tiempo para disfrutar de esta victoria. No olvides que tus versiones de un suceso feliz, tus versiones de la celebración de tu victoria, llevan a cabo un anclaje en los futuros probables de tal forma que otras versiones del futuro tienen cada vez menos peso, garantizando que la versión que has cargado con tu luz sea la que experimentes.

En física, se dice que la realidad observada es la que se produce. Se sabe que cuando el investigador pretende probar el comportamiento de la materia como partícula u onda, su intención manifiesta afecta al resultado. ¿Por qué iba a ser diferente en tu caso?

Te pedimos que te tomes el tiempo de contemplar un futuro feliz. Ahora tienes tiempo de sentarte y contemplar tus logros, tus elecciones, los deseos de tu corazón. No te veas a ti mismo haciendo el examen ni asistiendo a clases para prepararte. En su lugar, imagínate compartiendo la buena noticia y tu felicidad con un amigo muy querido que compartirá tu alegría y realizará la afirmación más poderosa que puedas imaginarte. Cuando oigas lo que te dice, será real para ti, habrás permitido que sea válido para ti y habrás hecho que todas las demás posibles versiones del resultado confluyan en una. ¿Quieres preguntar algo sobre el tiempo?

LOS SEÑORES DEL TIEMPO

Tengo una pregunta sobre el tiempo que me hizo un estudiante en una clase hace poco: «¿Qué está ocurriendo ahora que hace que períodos prolongados de tiempo parezcan muy cortos?».

Todas las personas con las que he hablado de esto comentan lo mismo. Dicen: «Estoy en mi escritorio y son las diez de la mañana. De pronto, miro el reloj y son las tres de la tarde, y ni siquiera me he dado cuenta. ¿El tiempo se está acelerando o es una ilusión?».

El tiempo es una ilusión, en eso has acertado. Tu experiencia del tiempo se está haciendo menos importante que contar el tiempo. Esta supuesta compresión del tiempo en el universo y en ti crea actividades y sucesos en los que no prestas atención al tiempo, de forma que te puedes recalibrar. Por tanto, la experiencia humana de la contracción del tiempo se explicaría porque es posible que te hayas desvinculado de él.[*]

El estudiante respondió: «¡Esa era mi gran pregunta sobre el tiempo, y tiene todo el sentido!».

Los Señores del Tiempo desean seguir explicando que la conciencia se está trasladando a lo que se podría denominar el «no tiempo». Parte de lo que les ocurre a las personas es que se desdoblan en lo que nosotros llamaremos la «zona del no tiempo» y, después, vuelven y aterrizan en un punto distinto de la secuencia. Puede ocurrir cuando dormitas: piensas que estás trabajando frente al ordenador pero, literalmente, no estás en tu cuerpo, y no te das cuenta de que has salido del cuerpo y luego has

[*] La persona que realizó la transcripción observó una marca de hora a las 11:33 en el dispositivo de grabación y se lo indicó a Maureen. Los números dobles son números maestros. El número 11 aúna lo profano y lo sagrado. El 33 es el maestro de maestros. Mientras que nosotros y otros nos adentramos en una recalibración de la experiencia humana, aquellos de vosotros que estáis experimentando esta supuesta aceleración temporal sois realmente los que mostráis el camino para generar una versión más armoniosa y pacífica de la realidad que se superpone y se integra en la versión de la realidad que habéis estado experimentando. Esto también es el motivo de que muchos de vosotros os estéis sintiendo cada vez más tranquilos y calmados día tras día. Aunque miréis fuera de vosotros, habéis tenido noticias y otros indicadores de la realidad y estáis bastante desconcertados: «¿Por qué será esto?». Os comunicamos que está sucediendo algo muy tangible: la fusión de líneas temporales. No es tan necesario que tengáis la experiencia de ese gran período de tiempo como que permitáis la superposición de la nueva versión del tiempo de forma que descanse y resida dentro de vosotros.

vuelto a entrar. Esto tiene como finalidad ayudar a las personas a sentirse cómodas con una secuencia lineal diferente de la secuencia temporal lineal. Esta secuencia lineal podría ser como los eventos descritos anteriormente.

También queremos que entiendas que puedes jugar con el tiempo si piensas en él como una cinta. Imagina que esta cinta se puede comprimir, o juntar dos puntos muy lejanos y dejar que el resto de la cinta caiga hacia abajo formando un lazo. Estos dos puntos se pueden unir para acelerar un resultado. Además, la cinta se puede estirar y dejar que las cosas se ralenticen. Generalmente, lo que haces es apretar la cinta y salir por el otro lado de la cinta del tiempo preguntándote qué ha pasado con el resto de ese lazo. La respuesta es que te lo has saltado.

Hay una forma de ayudar a las personas a que empiecen a comprender la curvatura del universo y los agujeros de gusano que permiten moverse por la creación y llegar a un nuevo lugar prácticamente de forma instantánea. Esto también significa que puedes crear un lazo temporal de forma intencionada para producir cierto efecto y transformar un aspecto de tu vida en una regresión y otra parte de tu vida, mediante tu canal de sabiduría, en una progresión. Esto es bastante divertido, ya que podrías imaginarte que solo puedes estirar la cinta temporal. Sin embargo, también puedes dividirla y hacer que la mitad se mueva en una dirección y la otra mitad en otra. Tomemos como ejemplo la pregunta anterior: «¿A dónde va ese período de tiempo?». La respuesta es: «No va a ningún sitio, puesto que ha dejado de existir». Por tanto, ¿solo *parece* que ha desaparecido? Normalmente, en una secuencia lineal, se podría decir: «Sí, fue del punto A al punto B». Pero si estableces una conexión entre dos líneas separadas y creas un lazo, solo existe la línea resultante, mientras que el lazo desaparece.

Parte de esto ocurre porque pensamos que debemos saber qué hora es. En el pasado inmediato, la necesidad de los humanos de saber qué día es se ha exacerbado. En el pasado lejano, ir a trabajar producía cierta regularidad, y trabajar con las cosechas o con animales generaba una forma de regularidad más acorde con los ciclos naturales. Y la conciencia del tiempo no se percibía tanto como los eventos *dentro* de esos días. Ahora, debido a la dependencia del reloj en la mayoría de los estadounidenses y en los habitantes de muchos otros países occidentales, se ha perdido el interés por el *ritmo y los ciclos naturales*. Por tanto, comprender esto es una oportunidad para adquirir un nuevo estado de intemporalidad; un nuevo estado de conciencia que no requiere una definición del tiempo. Te recordamos que el tiempo es un constructo que permite diferenciar los sucesos y la existencia; no se utiliza en ningún otro sitio (en ninguna otra parte del universo se utiliza el tiempo como en la Tierra). Esperamos continuar este diálogo contigo. Eso es todo.

LOS SEÑORES DEL TIEMPO

5 DE ABRIL DE 2020,

SANAT KUMARA: GRUPO EN VIVO CON MARBETH DUNN

Y SU EXPERIMENTO PARA LA PAZ MUNDIAL

Queremos recordar a todo el mundo que debemos abandonar el hábito de buscar culpables. Basta de decir: «Yo estaba aquí antes». La propia Tierra está aprovechando la oportunidad creada por aquellos que querían que la humanidad fracasara y no han tenido éxito. Esto terminará favoreciendo a la humanidad, es decir, que todas las consecuencias de esta situación serán sumamente beneficiosas. Puede que haya algunas bajas en esta situación particular. Estas bajas son muy dolorosas. No obstante, queremos que entiendas que, desde nuestro punto de vista privilegiado, os llegarán muchas bendiciones que aún están por descubrir.

Todos los que eligen aceptar esta «ley» y este «refugio» logran un nivel de maestría interna que no se alcanza de ninguna otra forma. ¿Esas siestas frecuentes? En realidad, te estás armonizando y dejando que el cuerpo se relaje de forma que puedas recibir las frecuencias vibratorias superiores e integrarlas. Una de las cosas más importantes que vemos desde nuestra perspectiva privilegiada es que los humanos se han resistido a las altas frecuencias vibratorias que están llegando. Esto no se debe a que no les agraden o no quieran acogerlas, sino a que estaban sumamente ocupados manteniendo el estado de las cosas. El hecho de que las personas puedan acceder al tiempo y la frecuencia para bajar el ritmo (durmiendo) les está permitiendo integrar frecuencias superiores y buscar una comprensión más elevada de todo lo que les está ocurriendo. En este caso, te pedimos que seas paciente y afectuoso, además de todas las demás cosas que haces.

Esto significa enviar amor en todas las direcciones. Significa amar a las personas que no te caen bien igual que a las que sí. Es fácil amar a quien te gusta, pero ¿puedes amar a los que no? Es fácil meditar en una habitación tranquila; ¿puedes hacerlo en una habitación abarrotada? Te invitamos a mirar a estas personas que te desagradan, aquellas hacia las que proyectas una energía de rechazo, por el motivo que sea. Podría tratarse de alguna figura política o un familiar al que mires y notes que, dentro de ti, encuentras la paz; y, como puedes *encontrar la paz dentro*, también puedes encontrarla fuera. Debes proyectar esa paz hacia fuera en todas las direcciones, no solo de forma limitada. De esta manera, ayudarás a sanar a la Tierra.

SANAT KUMARA: GRUPO EN VIVO CON MARBETH DUNN
Y SU EXPERIMENTO PARA LA PAZ MUNDIAL

7 DE ABRIL DE 2020, LOS SEÑORES DE LA LUZ CANALIZADOS A TRAVÉS DE MAUREEN ST. GERMAIN

Queremos que entendáis que sois cocreadores. Este canal [Maureen] os lo ha repetido en varias ocasiones, pero parece que no lo entendéis, no lo aceptáis. Os pedimos que asumáis vuestro poder. Gobernad el universo a vuestro alrededor, gobernad el mundo que os rodea. Exigid la desaparición de las energías oscuras. Exigid la eliminación de sustancias químicas inapropiadas y alérgenos, de sustancias químicas en el aire, y que se constrarresten y sean inocuas en vuestro cuerpo.

Todos los seres humanos son distintos. Todos y cada uno de vosotros tenéis el poder en vuestro interior. Debéis reclamar vuestro poder y utilizarlo con sabiduría. Os han enseñado (erróneamente) que estáis indefensos. Os han enseñado (erróneamente) que el mundo está fuera de vuestro control. Os han enseñado (erróneamente) que no podéis usar vuestro poder, pero son todo mentiras para no dejaros avanzar. Ahora que ya nada os retiene, ahora que las fuerzas del mal han caído, depende de vosotros acceder a vuestro verdadero poder. No dejéis que otros os lo arrebaten. Ahora sois libres. Tenéis una oportunidad frente a vosotros. ¿Cómo podéis reclamar vuestro poder?

1. Reconoced vuestros errores.
2. Reconoced vuestros éxitos.
3. Reconoced vuestro conocimiento.
4. Reconoced vuestro amor verdadero y vuestra apreciación por los demás seres humanos, la Tierra y todos los seres sintientes.

Es muy fácil echar la culpa a otra persona prácticamente por cualquier cosa. Os decimos que esto ya no os sirve. Ya no os sirve porque entregáis un pedacito de vuestro poder cada vez que culpáis a alguien o a algo. Parte de esto tiene que ver con la humildad. Para acceder a vuestra humildad, os pedimos que imaginéis que os inclináis y besáis los pies de vuestro archienemigo, el peor de todos los enemigos que creáis tener. La persona que más despreciáis. La culpa es un lastre. Impide que vuestra energía acceda a la quinta dimensión.

Todos los intentos de solicitar o exigir una disculpa implican que os creéis mejor que esa persona. Las escrituras cristianas dicen: «Quien esté libre de pecado, que tire la primera piedra». Os pedimos que dejéis de buscar culpables, ya que esto también os resta poder y se lo entrega a otro. Cada vida tiene su propia experiencia. Por tanto, ya no es apropiado comparar vuestra vida con la de los demás. Resulta útil comparar vuestra vida con otra si hay algo que queráis saber, o algo que queráis aprender o adquirir, o aumentar vuestro conocimiento o vuestro entendimiento. Es apropiado mirar a otro con intriga o curiosidad. Es apropiado mirar a otro y decidir: «Eso me gustaría». Pero tened cuidado de usar vuestro propio poder y reclamad vuestra propia habilidad para conseguir estas cosas.

Cuando contempláis a otro que tiene estas posesiones, habilidades o aptitudes con envidia en el corazón no solo os mantenéis en 3D, sino que le otorgáis más poder. Cuando os deis cuenta de que estáis perdiendo poder y regalándoselo a estas personas, esperamos que reconozcáis que no es muy distinto de sacar dinero de vuestra cuenta bancaria y dárselo a otros sin ningún motivo.

Os pedimos que reclaméis vuestro poder. Sintonizad con el universo. Dominad la conexión con el yo superior con tanta precisión que, cuando enviéis una orden al universo, esa orden esté alineada con la voluntad divina y esté de acuerdo con aquellos que se beneficiarán de vuestro orden. Mantened el corazón abierto, ya que mucho de lo que vendrá os desilusionará y os decepcionará. Haced vuestro trabajo personal de gratitud, de forma que podáis mantener vuestro poder personal y reclamar vuestra Victoria Divina,* vuestro cielo en la Tierra.

---

* Amada Victoria Poderosa es también una maestra ascendida.

CONSCIENCIA DE UNO MISMO

Ser consciente de uno mismo no tiene nada que ver con ser modesto. La autoconsciencia te permite entender que alguien te diga que las interacciones contigo son problemáticas, es decir, te das cuenta de que alguien experimenta lo mismo que tú de otra forma. Esto no significa que sea necesario disculparse, solo que puedes aceptar su experiencia. Pedir disculpas y ser modesto, en esencia, te lleva a permanecer en el juego de quién es «mejor o peor». Lo único que debes hacer es centrarte en aliviar la tensión y buscar la manera de que la situación no se repita en el futuro.

Todos evaluamos la realidad a través de las células cerebrales, de la consciencia. Cuando los pensamientos o las creencias limitantes penetran en nuestro sistema de creencias, la realidad produce ese resultado. Bruce Lipton, escritor y científico, nos dice que las creencias «controlan» la biología. Lo que pensamos no solo controla nuestra fisiología, sino que también afecta directamente a la expresión de nuestros genes. Esto significa que el impacto de nuestras creencias nos afecta en todos los niveles de la vida. Estudios realizados sobre los alumnos de una clase indican que los estudiantes cuyos profesores tienen mucha confianza y grandes esperanzas con respecto a ellos obtienen mejores resultados en las pruebas y los exámenes.

Cuando observamos la realidad desde el punto de vista cuántico, recordamos que todo es *energía en movimiento*, no materia en movimiento. Tomemos por ejemplo el movimiento de un tsunami. Nos parece que es un muro de agua, pero en realidad es como cuando se hace «la ola» en un estadio. La gente de las gradas se pone en pie y levanta los brazos secuencialmente. Los ojos siguen el movimiento de los brazos y parece como si la energía se moviera a través de ellos. En el tsunami, la energía se mueve a través del agua, haciendo que se «levante», y a continuación la energía pasa a las moléculas de agua adyacentes. La ola del estadio no se mueve, se mueve la gente. El tsunami no mueve el agua, sino que su *energía* crea un muro de agua. La energía es todo potencial; la materia es el potencial solidificado.

El estudio de los tsunamis puede ayudar a empezar a comprender la energía pura. Al contrario que en el caso de las olas normales, que están provocadas por la fuerza del viento, la energía que provoca un tsunami se mueve a través del agua, no sobre ella. Por tanto, a medida que el tsunami viaja por las profundidades —a una velocidad de hasta 800 o incluso más de 900 km/h—, casi no se nota en la superficie. Normalmente, un tsunami no suele tener más de un metro de altura. Obviamente, todo esto cambia a medida que el tsunami se acerca a la costa. Es entonces cuando alcanza una altura aterradora y adquiere su forma más reconocible y desastrosa debido a la resistencia que provoca la falta de profundidad.

Fig. 9.1. Comprensión del poder de la energía pura mediante el uso de un tsunami como analogía.

¿Qué relación tiene esto con la realidad? He descubierto que la naturaleza imita lo que ocurre en realidad energéticamente hablando, lo que nos permite descodificar nuestro entorno y mucho más. Después de «descodificar», uno puede redirigir la consciencia. Todo irradia desde un único punto cada vez que la energía cambia y se mueve. Cada «piedra que cae en el agua» produce su propio efecto, que interactúa con el resto de las ondas de las demás piedras. A veces, nos da miedo dar el siguiente paso y, en su lugar, reflexionamos sobre lo que no tenemos. Como tenemos miedo de no ser capaces de lograr lo que nuestro corazón desea, se produce la profecía autocumplida. Ir más allá de donde nos encontramos en el presente se torna impensable, cuando precisamente lo que tenemos que hacer es seguir avanzando. Puedes omitir lo que quieres para ir más allá, lo cual te permitirá alcanzar tu verdadero objetivo. No sabes cómo lo has logrado, pero ya lo tienes.

Los humanos originales eran seres multidimensionales que podían gestionar varias conciencias y diversas líneas temporales. ¡Los humanos podríamos tomar tanto «la ruta menos transitada» como la más transitada! No tienes por qué estar encerrado en la 3D todo el tiempo. Estamos anclando en la conciencia cómo es estar en la quinta dimensión. En primer lugar, observas las similitudes y, después, las diferencias.

Vuelvo a recordar aquí dos experiencias ya narradas que vienen a colación. La de un hombre que asistía a mi clase y que había estado usando un CD de Hemi-Sync (entrenamiento para la sinergia entre el hemisferio derecho y el izquierdo) del Monroe Institute en sus meditaciones. Un día, mientras conducía por la autovía, de pronto vio la imagen de un todoterreno dorado en el ojo de su mente. Pisó el freno bruscamente. A continuación, apareció un todoterreno dorado justo delante de él que salía de la carretera y le cortaba el paso. El hecho de haber frenado con antelación evitó un choque. La otra experiencia es la del alumno que suele empezar el día con una «plegaria de protección».

A medida que pasamos a la 5D recuperamos las herramientas y los códigos perdidos que nos permiten romper las supuestas barreras del tiempo lineal. Cuando empecemos a comprender que la atemporalidad o el tiempo simultáneo es algo normal en el universo, tendremos la capacidad de usar este conocimiento para sacar aún más partido de la vida. Así, dispondremos del tiempo, los códigos temporales y la multidimensionalidad para expandir nuestras experiencias y sanarnos a nosotros mismos y al planeta.

Entonces, ¿por qué creamos esta polaridad tridimensional? Era una forma de disponer de dos puntos que se pueden expresar desde dentro. Me explico: si ya lo eres todo (es decir, la Fuente/Dios), no puedes expandirte, puesto que ya *eres* todo. Sin embargo, si existe la polaridad, puedes crear dos puntos opuestos y evolucionar hacia la unidad desde ahí, expandiendo de esta manera la «base de datos» de todo lo que existe. Existe la posibilidad de elegir entre la opción del no-Dios o del Dios. La polaridad es una forma de duplicar la creación. El libre albedrío es un modo de lograrlo. El objetivo era detectar la chispa divina y experimentar ambas cosas deliberadamente para, finalmente, elegir la opción de Dios. ¿Puedes entender que en la quinta dimensión estás tan conectado a Dios que la posibilidad de la opción del no-Dios no se manifiesta en tu consciencia? Tu amor y tu conexión con la Fuente/Dios es tan grande que la posibilidad de la opción del «no-Dios» ni se te ocurre.

ALINEACIÓN CON LAS REALIDADES
DIMENSIONALES CAMBIANTES

En el primer capítulo hablamos sobre la importancia que tiene trabajar con las emociones y alinear totalmente el cuerpo emocional con el cuerpo físico para acceder a la cuarta dimensión. Después, cuando alineas tu cuerpo superior de cuarta dimensión con el cuerpo de quinta, accedes fácilmente a la 5D. Esto ocurre porque, cuando alineas tu expresión de 3D y la expresión superior de 4D (recuerda que en *Despertar en la 5D* decía que en la cuarta dimensión sigue existiendo la polaridad) con la expresión de 5D, en realidad te estás introduciendo en el agujero de gusano (el nexo con la cuarta dimensión).

¡Es como si tu yo de 5D ya estuviera allí y tirara de ti! El agujero de gusano existe como la vía hacia una cerradura con combinación: todas las dimensiones se alinean y coinciden, permitiendo así un transporte sencillo.

Hace años, viajaba de regreso tras impartir un curso en el extranjero con la idea de ir desde San Diego a Los Ángeles al día siguiente para asistir al concierto de un amigo en el Museo de Arte del Condado de Los Ángeles (LACMA, por sus siglas en inglés). Mi plan era dormir durante el viaje, desayunar tranquilamente y luego que mi marido condujera tres horas hasta Los Ángeles. Allí podríamos pasar algún tiempo en el museo, cenar y asistir al concierto. Pero mi marido tenía otra idea. Él quería ir al recién inaugurado museo de arte contemporáneo The Broad, ya que teníamos que ir a Los Ángeles. Eso significaba salir de casa sobre las seis y media de la mañana para desayunar y ponernos en camino. A mí me parecía una idea malísima, ya que justo iba a regresar a casa de un vuelo de quince horas, así que se lo dije. Pero le ofrecí la posibilidad de consultarlo con mi yo superior y, si me decía que sí, lo haríamos.

Tal y como estás pensando..., ¡mi yo superior se puso del lado de mi marido!

Inmediatamente tras llegar esa mañana, mi marido se fue a comprar café. Mientras estaba sola esperando para comprar las entradas del museo The Broad, una mujer se acercó a la cola donde yo estaba para pagar un extra que permitía ver una exposición especial. Le sobraban dos «entradas anticipadas» que había adquirido seis meses atrás para unos amigos que no habían podido ir. Se las ofreció a cualquiera de la cola. Nadie dijo nada, así que le pregunté si me las daría a mí. Me pidió que la siguiera a su cola mientras me explicaba que tendría que entrar en el museo con ella y su familia. Mientras la acompañaba, mi yo superior me dijo claramente: «Tienes que hablar con estas personas». Soy bastante sociable, así que no me suponía mucho problema.

Mientras conversábamos, me dio las entradas que había imprimido con su ordenador y me dijo:

—Voy a acercarme a la entrada a preguntar una cosa; te hará falta esto si nos separamos.

Me llamó la atención el nombre que aparecía en las entradas. Era un apellido alemán inusual y muy largo que me resultaba muy familiar.

—Yo conozco a una familia con este apellido, pero son de Ohio.

El marido sonrió y dijo:

—Nosotros somos de Ohio.

De pronto la abuela preguntó:

—¿Eres Maureen?

Pat, la abuela, era la mejor amiga de mi madre cuando trabajaban en el mismo sector en aquella época en Ohio. La última vez que me había visto fue en mi primera boda, hacía cuarenta años. Mi madre se quedó perpleja y se puso muy contenta cuando le envié una foto mía con Pat. Fue increíble encontrarme con alguien que conocía tan lejos de casa y en un entorno poco familiar.

Y ahí no acaba la historia, porque resulta que eran mi «familia» (mi madre me dijo más tarde que mi padre y Pat eran primos hermanos). Les ofrecí quedarse en mi apartamento si alguna vez iban a Nueva York, ya que yo pasaba mucho tiempo en San Diego. Ellos estaban encantados porque sus dos hijas estaban estudiando en Nueva York y necesitaban un lugar donde quedarse ocasionalmente.

Algún tiempo más tarde, escribí a Michael, el hijo de Pat, para preguntarle si alguna de sus hijas estaría interesada en un trabajo de media jornada, ya que había una vacante en mi oficina de Nueva York. Mi prima tercera Marlaina (una de sus hijas) ha sido una de las mejores ayudantes que he tenido en mi vida... hasta que dejó el trabajo porque estaba demasiado ocupada con los estudios. Marlaina me presentó a su amiga Jenna, que era aún más increíble. Jenna trabajó para mí durante varios años, y el resto de los miembros de mi equipo y yo estábamos encantados con ella. Nada de esto habría ocurrido si hubiera hecho lo que yo quería ese domingo por la mañana.

La solución a los dilemas que están por venir se encuentra en la leyenda del fénix: no solo confiamos en nuestra guía interna, sino que conocemos a nuestro yo superior, y este nos ofrece nuevas formas de hacer las cosas, lo cual a menudo nos proporciona beneficios inesperados.

LA TIERRA DEL FÉNIX

Debemos estar dispuestos a dejar ir lo viejo para dar la bienvenida a lo nuevo. Debemos estar dispuestos a aceptar la orientación de nuestro yo superior, incluso cuando no queremos. Debemos estar dispuestos a recalibrar y dar cabida a soluciones que no habíamos considerado, incluso aquellas que no nos gustan.

También debemos observar la decepción, sea cual sea el resultado, y decidir: «El universo sabe algo que yo no sé». Debemos abandonar el miedo a lo desconocido, soltar el discurso del miedo sobre lo que pasará si las cosas no van como pensamos que deberían, confiar en el proceso y rezar. Pide que, independientemente de lo que ocurra en tu vida, en tu familia y en tu país, encuentres la forma de rezar por el mejor resultado posible. No reces para que se produzca el resultado que tú prefieres, sino el resultado ideal (aunque no te guste la idea o no lo entiendas). Puede que termine siendo mejor de lo que esperabas.

Lo más importante que las personas deben abandonar es el «control». Esto es lo más difícil de lograr, pero, cuando lo hagas, lo tendrás «todo». El motivo es que es importante aprender a saber lo que quieres, pedirlo, atraerlo, generarlo y alcanzarlo. *Sin embargo,* cuando el *universo* ya conoce tu deseo, debes dejarlo ir y apartarte del camino. Deja que el universo satisfaga tu deseo de la forma más rápida y fácil posible.

¿Quién se montaría en un taxi en el aeropuerto de La Guardia en Nueva York y le diría al taxista cuál de los túneles o puentes debe tomar para entrar en Manhattan? Esperamos que el conductor sepa cuál es la mejor ruta, a pesar de que no nos lo parezca a primera vista. ¿Por qué no iba a tener el *universo* esta misma habilidad?

La respuesta es obvia: la tiene. Pero es posible que estés tan ocupado controlando las cosas que no puedas verlo. Hace años, vi una película de Disney titulada *¡Todos a la nieve!*, en la que un hombre hereda un hotel de montaña, pero las complicaciones legales y financieras terminan resultando extremas. Mientras se encontraba sumido en estas dificultades, no se daba cuenta de que su hijo tenía la solución para el dilema. Cada vez que el niño decía: «Papá,

papá», el padre le respondía: «Ahora no, cariño, estoy intentando resolver un problema». Esta situación se repite varias veces hasta que finalmente el padre, desesperado, pregunta: «¿Qué pasa?». El niño le da la solución y la respuesta del padre es: «¿Por qué no me lo has dicho antes?».

En otra historia real, una niña observaba un camión demasiado alto que se había quedado atascado en un túnel y no podía avanzar ni retroceder. Nadie sabía qué hacer y la cola de vehículos se hacía cada vez más larga. La niña preguntó: «¿Por qué no vacían un poco las ruedas?». Impresionante.

Finalmente, llegamos al famoso Albert Einstein, quien dijo que no podemos solucionar nuestros problemas con la misma forma de pensar que empleamos cuando los creamos. Entonces, ¿cómo resolvemos los problemas cotidianos? ¡Soltando el control!

Imaginemos el mundo, el país y los líderes magníficos que vamos a crear entre todos.

REVOLUCIÓN ESPIRITUAL

Ahí fuera se está produciendo una revolución espiritual, ya lo sabes. Sabes que depende de ti, y aun así no sabes exactamente cómo cambiar las cosas. Compartiré algunas formas de marcar una diferencia, tanto personalmente como en los demás. Vamos a empezar por el lenguaje y a explorar la manera en que hablamos.

Yo hago un esfuerzo para elegir las palabras sabiamente, y tú puedes hacer lo propio. He dejado de usar la típica frase «tengo que...» porque indica que el poder está fuera de mí. ¿Quién dice que tengo que hacer cualquier cosa? ¿Por qué dejar que algo implícito te controle? En lugar de decir: «Tengo que recoger a los niños del colegio», cámbialo por: «Me gusta recoger a los niños a tiempo porque se ponen contentos». «Tengo que redactar un informe» se convierte en: «Me he comprometido a hacer esto y quiero terminarlo». «Tengo que ver a una amiga» podría ser: «He quedado con una amiga para comer y me gustaría no llegar tarde». Y no renuncies a tu poder con la frase: «Me da exactamente igual». ¡No le añadas esteroides al drama!

Una vez, hace años, cuando por lo general llegaba a una cita que tenía a mediodía a las 12:15, mi amiga por fin me dijo un día: «Entonces, cuando quedas a las 12:00, ¿realmente quieres decir a las 12:15?». Esto captó mi atención y, de inmediato, me prometí no hacerla esperar a ella ni a nadie más. Posteriormente, cuando pregunté a mis guías de los registros akáshicos sobre este particular, me dijeron que mis acciones enviaban el mensaje de que yo pensaba que era más importante que ella. ¡Vaya! ¡Ese no era el mensaje que quería transmitir! Hasta aquella conversación, solo intentaba hacer hueco para una cosa más en mi apretada agenda, pensando que era importante terminar el trabajo, sin darme cuenta de que mi amiga también era importante ni hacerme responsable de llegar tarde.

A veces, utilizamos palabras que todo el mundo utiliza, por ejemplo irreverencias o jerga vulgar. ¿Necesitamos usar expresiones malsonantes y groseras? ¿No va siendo hora de cuidar las palabras que salen de tu boca? Sí, ya sé que todo el mundo habla así, pero elegir autocensurarte y luego aprender nuevas formas de expresarte es un buen ejercicio que hace que no te aburras y calma la ansiedad. Cuando dejes de usar estas palabras, sentirás un aumento de energía. El motivo es el siguiente.

Piensa en cualquier palabra malsonante que se utilice con frecuencia. Los jóvenes la usan más que la gente de mediana edad, pero ciertas personas de cualquier edad siguen utilizándola. Es importante comprender que, igual que decidimos eliminar los prejuicios sexistas, también podemos depurar el lenguaje vulgar.

Lo cierto es que cuando se utilizan palabras malsonantes, se activa la energía con la que están conectadas, por ejemplo ira, rabia, frustración, violencia, etc. Esa vibración sale de nuestra boca, lo cual atrae esa misma vibración de vuelta a nuestra vida.

¡Agh!

Cuando haces cualquier tipo de ritual especial, sea tomar el café de la mañana, rezar el rosario o cantar una canción que te gusta, evocas las energías vinculadas con ello procedentes de todos los que han usado esas herramientas para levantar el ánimo. Ahora, piensa en las muchas personas que utilizan palabras para hacer daño, para provocar vergüenza e indefensión. Sin duda, no quieres pertenecer a ese club. ¿Alguna vez has entrado en una habitación donde se ha producido una gran discusión, has sentido la pesadez en el ambiente y has empezado a reaccionar a ella? Esto se puede sentir. Es lo que se llama «mala vibración».

¿Qué más puedes tener en cuenta si deseas conservar tu energía? Bueno, consideremos esas intensas palabras de queja que alejan a todo el mundo. Si dices que estás cansado, creas energía de cansancio simplemente por decirlo. Por tanto, si notas que tienes la energía baja, pregúntate qué puedes hacer o qué puedes tomar para tener más energía. También puedes preguntarles a tus guardianes de los registros. Hablaré un poco más sobre los registros akáshicos en un momento.

Mientras tanto, te contaré otra forma de lidiar con las emociones difíciles. Cuando sientas enfado, es aconsejable pensar sobre ello, respirar hondo tres veces y, después, decir: «Me gustaría hablar sobre esto, pero ahora mismo estoy un poco alterado. ¿Podemos seguir más tarde?». Es una alternativa mejor que decir simplemente: «Estoy enfadado». Y no malgastes el tiempo de un compañero de trabajo quejándote sobre un cliente maleducado. En su lugar, pregúntate por qué siempre te tocan los clientes gruñones. Esto puedes hacerlo en una meditación o, si sabes cómo acceder a los registros akáshicos, pregúntales a tus guardianes de los registros.

LOS REGISTROS AKÁSHICOS

¿Qué son los registros akáshicos? Son el campo de energía que contiene la energía de todos y cada uno de tus pensamientos, acciones y palabras. Contienen la energía del pasado, el presente y los futuros posibles y probables. Edgar Cayce, el gran médium estadounidense, los llamaba el «libro de la vida», igual que el libro que se menciona en la Biblia. Antes, solamente los chamanes y los líderes espirituales podían acceder a esta esfera, pero hoy en día cualquiera puede consultar los registros akáshicos. Esto se debe a una dispensa que se ha otorgado a la humanidad para ponerse al día.

¿Por qué tenemos que ponernos al día? Nuestra humanidad no ha seguido el ritmo de la tecnología. No comprendemos, a pesar de nuestras considerables habilidades, el efecto que producimos en el medioambiente y en los demás. La tecnología conlleva una responsabilidad. Obviamente, muchas personas piensan que es de sentido común, pero, si eso fuera cierto, ¿por qué todos los fabricantes de cigarrillos ocultaban la verdad sobre su producto? Para ellos, los accionistas tenían más importancia que la humanidad. Enriquecerse era el único objetivo, y todo lo demás era prescindible. Volvemos a tener un ejemplo actual de esto con la fabricación de todo tipo de cosas que ponemos en nuestro cuerpo.

Aprender a abrir tus propios registros akáshicos supone el mismo esfuerzo que aprender a conducir. Puedes hacerlo, es sencillo. Basta con aprender algunas cosas simples y después puedes practicar. Mi libro *Abrir los registros akáshicos* es literalmente un mapa que te llevará a través de este proceso. Es una vía de acceso a la autopista del increíble recurso que son los registros akáshicos.

¿Por qué tomarse el tiempo de aprender esta técnica? Algunos de vosotros estáis impacientes por disponer de nuevas herramientas, estoy segura. No obstante, el punto de vista más simple que se puede adoptar es considerar que la vida es una prueba y, con los registros akáshicos entre tus herramientas, puedes realizar la prueba de la vida como si fuera una versión del examen con el «libro abierto». Abres el libro de la vida para consultar todas las respuestas sobre por qué algo es como es, y en el proceso obtienes magníficos consejos sobre lo que debes hacer a continuación. Es un acceso directo al dominio de uno mismo y el crecimiento espiritual.

10

Otras versiones de ti

En el capítulo ocho de *Despertar en la 5D* explicaba lo que son las otras versiones de ti, pero vamos a profundizar un poco. Puede que recuerdes que en el capítulo dos de ese libro explico que había un hombre, un antiguo socio que también era una versión de mí, que me robó cinco mil dólares en un negocio. Te pregunto, querido lector, ¿fue un robo? No lo creo. Ahora hay otras personas enseñando estos mismos conceptos. En los boletines de *El camino amable* de Tom T. Moore, este autor comparte lo siguiente:

> Entiendo que es un concepto difícil de comprender, pero me han dicho que no es posible que todas las personas de la Tierra sean «buenas» personas. Como un actor, a veces te toca el papel de «malo» para «equilibrar» tu vida. Esto contribuye al crecimiento espiritual, como lo es recordar que tu alma se encuentra en una «vía rápida» de crecimiento si te ofreces como voluntario para el «experimento de la Tierra», donde el Creador de este universo ha decidido encontrar una forma de trabajar con la «energía negativa»

(algo que ninguno de los otros billones de creadores ha podido hacer). Hemos accedido a nacer con un «velo» y a no conocer la verdadera magnificencia y el poder de nuestra alma.

La finalidad de nuestras almas es llegar a combinarse y fundirse con nuestro Creador y permitir así el acceso a un nivel superior; de nuevo, esto es algo que nunca se ha hecho en ningún otro universo, según me han explicado (la combinación de almas). Por tanto, nuestras almas necesitan vivir todas las experiencias posibles para tener la capacidad de tomar todas las decisiones necesarias para gobernar un universo. Y podría añadir que nuestras almas tienen cientos de miles de otras vidas en otros mundos a lo largo y ancho del universo que ofrecen todas las variedades imaginables e inimaginables.[*]

¿Y si, en *todos* los casos, somos tanto el perpetrador como la víctima? Según mis experiencias y las publicaciones del boletín de Moore, es muy probable que sea así.

He creado la meditación del mantra triple para ayudarte a manifestar versiones más avanzadas de ti mismo. También puedes usar la meditación de entonación en la cámara del rey.[**] Te recomiendo probarlas las dos para ver de lo que podrías ser capaz, ya que ambas tienen propósitos distintos. Recuerda que puedes conectar a través del tiempo y el espacio con versiones más elevadas, versiones más evolucionadas y experimentadas o incluso versiones más sanas de ti mismo. Depende de ti. ¡No abandones tras el primer intento! La constancia tiene su recompensa. Tengo un montón de historias de clientes sobre el acceso al conocimiento de otras versiones de sí mismos, y te animo a que compartas la tuya conmigo.

---

[*] Del boletín de *El camino amable*, 16 de octubre de 2010, disponible en el sitio web de Tom T. Moore (www.thegentlewaybook.com).

[**] Los lectores pueden descargar muchas meditaciones de forma gratuita (en inglés) en las publicaciones mensuales del blog (www.maureenstgermain.com/blog).

¿Alguna vez has escuchado que existe un paralelismo entre la experiencia de nacimiento de una persona y su experiencia de vida? Si alguien tiene dificultades en las horas finales del nacimiento, es posible que también tenga problemas cada vez que está a punto de culminar algo. Me he encontrado con esto una y otra vez. El enfoque utilizado para poner las cosas en marcha en el nacimiento se convierte en una plantilla y un formulario de contrato. Este contrato se puede volver a negociar de diversas formas. Una de ellas es a través de la técnica de liberación emocional (*Emotional Freedom Technique,* EFT) y otra es mediante la sanación de la matriz cuántica (*Quantum Matrix Healing*), un proceso en el que se eliminan patrones persistentes a través del trabajo con un compañero. Mi organización dispone de miembros que hacen este trabajo para los clientes regularmente, y cuentan historias increíbles.

Por ejemplo, una clienta a la que llamaré Nicole recibió una sesión de sanación de la matriz cuántica. Nicole tenía problemas de ira que deseaba poder controlar. Cuando sentía que no la respetaban, solía reaccionar de una de estas dos formas: quitando importancia al incidente o poniéndose furiosa. Entendía que ninguna de las dos reacciones le ofrecía los resultados que quería ni mejoraba la situación. Cuando acometimos su sanación, su primera imagen era un conejo (espero no molestar a nadie), que podría haber sido inculcada como una contaminación cultural. La segunda imagen era un tornado que dejaba libres todos sus demonios. Ninguna de estas respuestas le servía ya. Durante la sesión, pudo resolver el problema y ofrecer una respuesta evolucionada en cada situación a medida que se presentaba. ¡Qué gran alivio!

IDEA MÁGICA PARA AUMENTAR LA ENERGÍA

Hace muchos años, uno de mis maestros espirituales me enseñó que el día de tu cumpleaños es un día sagrado. Esto se debe a que es el aniversario del momento en que tu alma adquirió una forma física. El mensaje más importante sobre esto es que todos los maestros ascendidos y nuestros ángeles y guías nos acompañan en la celebración de nuestro cumpleaños. Tienen regalos para nosotros que debemos reclamar. Como cuando ganas la lotería, si no reclamas el premio, te quedas sin él.

Según avanzaba en mi trabajo espiritual, solía utilizar esta herramienta, año tras año, hasta que se me ocurrió una idea. Me di cuenta de que empezaba a mencionar mi cumpleaños unas seis semanas antes de la fecha y seguía haciéndolo hasta seis semanas después. Esto significa que podía hablar sobre mi cumpleaños un total de tres meses.

Decidí que, ya que tenía una gran imaginación y podía imaginar que recibía muchos regalos en mi cumpleaños, también podía imaginar que me encontraba con más regalos de los que podía abrir procedentes de mis ayudantes invisibles. En ese momento, decidí que empezaría a pedir mis regalos cada vez que mi cumpleaños surgiera en una conversación. Es decir, cada vez que hablaba sobre mi cumpleaños, lo utilizaba como recordatorio para pedir a mis ángeles y mis maestros ascendidos algunos de mis regalos. Esto condujo a algunos resultados interesantes. En el apartado «Ida y regreso», más adelante, comparto una de estas peticiones especiales que tuvieron resultados sorprendentes. Llevo haciendo esto más de veinte años. ¡Tú también puedes hacerlo! A continuación, encontrarás mi versión sobre cómo usar esta energía del cumpleaños, basada en el original de Kuthumi, revelado por Elizabeth Clare Prophet.

Como mencioné anteriormente, tu cumpleaños es un día auspicioso porque es el aniversario de la encarnación de tu fluir vital en el planeta Tierra. Cada año, cuando llega este aniversario de tu alma, tu energía se repliega. Es como una marea que libera todos los patrones, diseños y deseos del ciclo anterior, y deja sitio para el caudal entrante del año venidero. Por eso, podemos sentir una disminución de la energía y la determinación cuando se aproxima nuestro cumpleaños.

Aquellos de vosotros que habéis solicitado la ayuda y la asistencia de los maestros ascendidos, los ángeles y los guías, recibiréis estos regalos del Espíritu. Estos presentes van más allá del ámbito de los regalos humanos, tanto que encontraréis que la expresión *hacer regalos* aquí en la Tierra no es más que un pálido reflejo de esta práctica en el cielo, cuyos habitantes están listos y dispuestos para ayudarte al proporcionarte lo necesario para toda la expansión, exploración y expresión de tu ser el próximo año.

Para aprovechar este conocimiento y este maravilloso regalo, tómate el tiempo de pedir y reclamar tu regalo para el año siguiente. A medida que se acerque este día, ten presente que es un momento de honor, regalos y agradecimiento, de forma que se convierta en el día más sagrado del año.

IDA Y REGRESO

Una vez, en una gran reunión de profesores que se celebra todos los años, estábamos compartiendo historias sobre nuestras experiencias de enseñanza. Pedí a dos mujeres llamadas Angelique y Christiana que me contaran cómo habían terminado trabajando juntas. Christiana era unos diez años más joven que Angelique y estaba recibiendo un masaje de esta última cuando falleció (Christiana). ¡Sí, murió en la camilla de masaje! Angelique estaba conmocionada, así que preguntó a sus guías qué debía hacer. Sus guías la calmaron y le dijeron que simplemente esperara, de forma que eso hizo.

Mientras tanto, Christiana estaba reviviendo de manera muy intensa algunas de sus muertes previas. Primero fue ahorcada, después ahogada y descuartizada, luego le dispararon y, finalmente, la quemaron en la hoguera. En este momento, Angelique pudo oler el humo. Se levantó y recorrió su casa preguntándose qué se estaba quemando. Volvió, consultó de nuevo y se dio cuenta de que el olor derivaba de una experiencia fuera del cuerpo de Christiana.

Mientras Christiana seguía «fuera de su cuerpo», se le apareció su guía y tuvo una conversación con él. Le dijo:

—Tu vida como la conocías ha terminado. Hemos estado revisando algunas de tus vidas pasadas más difíciles para limpiar la energía discordante. Al habértelas mostrado, has liberado la energía pendiente.

Ella respondió:

—Me lo imaginaba.

Él siguió:

—Nos gustaría que volvieras y trabajaras con Angelique. Tiene un trabajo importante que hacer y necesita una compañera, y tú eres perfecta para ello.

A Christiana no le entusiasmaba la idea en absoluto y empezó a protestar.

—Bueno, no sé. Tengo sobrepeso, tengo problemas de espalda, tengo problemas de riñones...

Él la interrumpió.

—Podríamos ponerte en el cuerpo de otra persona, pero existen problemas de integración. O podemos solucionar lo que está mal, y el sobrepeso desaparecerá a lo largo de los siguientes diez años.

—Sigo sin verlo claro.

Escuchando atentamente, recuerdo que pensé: «¿Se muere y se pone a negociar? ¡Yo quiero aprender a hacer eso!». Pensaba que, cuando te mueres, te dicen lo que viene a continuación, pero nunca se me ocurrió que se pudiera negociar (recuerda, esto sucedió en 1996). Continuó con el relato: «Bueno, una de las cosas que no me gustaban de estar en un cuerpo es que nunca estaba segura de lo que debía hacer a continuación». De inmediato, su guía dijo: «¡Hecho!». Me reí para mis adentros y luego recordé mi patrón con los cumpleaños y pensé: «Mi cumpleaños es la semana que viene; quiero lo que tiene ella». Cada vez que le preguntaba a mi yo superior sobre esto durante el año siguiente, siempre recibía la respuesta *sí* de forma muy clara, a veces incluso antes de terminar la pregunta mentalmente.

El siguiente año, este grupo se reunió otra vez. En esta reunión con la misma gente, de nuevo hablamos sobre sus experiencias, la enseñanza y cómo obteníamos información avanzada. Una persona afirmó que ella siempre recibía información con unas seis semanas de antelación. Sin dudarlo, tanto Christiana como yo dijimos al unísono: «Yo obtengo la información cuando la necesito». ¡Solté una carcajada! La única explicación para responder de forma idéntica es que, de hecho, yo hubiera recibido ese mismo regalo, el de saber con antelación qué tenía que hacer a continuación.

¿CÓMO SE PUEDE USAR ESTO?

Aunque te diga que reclames repetidamente los regalos para tu cumpleaños y te anime a pedir lo que tus ángeles y maestros ascendidos piensen que necesitas, no pasa nada por realizar una petición especial y ver cómo se manifiesta la magia. Cuando empiezo a pedir cada año, ahora también pido el manual de instrucciones de cualquier regalo nuevo que obtenga, de forma que sepa y comprenda instantáneamente cómo utilizarlo, además de las bendiciones que se me confieren por mi cumpleaños. Vosotros, queridos amigos y lectores, sois una de ellas. Estoy tremendamente agradecida por teneros. No os olvidéis de compartir esta historia con vuestros familiares y amigos siempre que cumplan años.

CÓMO PROGRAMAR TU ADN PERDIDO

Habla con tu cuerpo, incluso con tus células. Ordénales que den un paso adelante. He reflexionado sobre las «cadenas perdidas» de ADN, que son el ADN de autosanación. Antes, estas cadenas de ADN nos permitían permanecer saludables durante toda una larga vida, pero fueron desconectadas por seres que manipulaban el ADN humano y utilizaban a la humanidad como esclavos. No querían que los humanos evolucionaran demasiado deprisa. Cuando empecé a trabajar con este concepto del ADN de autosanación, me di cuenta de que ahí radicaba el secreto de la eterna juventud que había estado buscando.

Entiendo que estas cadenas se desconectaron. La ley cósmica impedía a estos ingenieros eliminar esta fuerza vital, así que ¿qué hicieron? Las desconectaron, pero eso no fue suficiente. Si mi pareja desconecta la tostadora del enchufe para conectar la batidora, puedo volver a conectarla fácilmente. No podían simplemente «dejarlas ahí» donde resultara fácil volver a conectarlas. Los humanos las encontrarían y volverían a conectarlas. ¿Dónde podían esconderlas? Si estás en constante evolución, como es el caso, ¿cuál es el último sitio donde buscarías? ¡Debajo de la tercera dimensión! Por este motivo *yo ordeno a mi ADN de autosanación que se active y se adapte* al lugar donde me encuentre. Podría estar en una dimensión mucho más alta.

Recomiendo hacer esto a diario. En *Despertar en la 5D* encontrarás una oración vespertina. Puedes agregar esto a esa oración. Solo se tardan unos minutos en recitarla, justo antes de ir a dormir.

La idea es que los humanos tuviéramos más de nuestros códigos genéticos a nuestra disposición, pero se permitió que se atrofiaran y quedaran inutilizados hasta ahora. En este momento, puedes ordenar a tu yo superior que localice la frecuencia vibracional más alta que haya tenido alguna vez tu cuerpo. Exige que tu yo superior la encuentre, la reactive y la reconecte, para que recuerdes quién eres y se sanen automáticamente todas las partes de tu cuerpo.

Después, conecta con tu ADN. Ordena que cada uno de los sesenta y cuatro codones* que conforman el espectro completo de tu ADN se eleve hasta alcanzar su frecuencia más alta.

Abre el corazón para recibir la mayor activación de ADN posible. Deja ir tu programación genética anterior. Cada año creo una ceremonia de rejuvenecimiento anual en la que se emplea este conocimiento. La realizo con una clase en línea en vivo en la última luna llena del verano. Al hilo de la antigua tradición africana de retrasar el reloj dos años, basé esta ceremonia en la idea de que, en este momento, la luna llena está tan cerca de la Tierra que su influencia puede llegar hasta un año atrás, reduciendo así tu edad en dos años cada vez que la realizas.

Recientemente me hice una prueba para ver cómo están los codones de mi ADN y resulta que tengo treinta y cuatro años menos que mi edad biológica. Incluso los clientes de hace veinte años ven mi vídeo más reciente y se sorprenden con mi «rejuvenecimiento».

---

* Un codón es una serie de nucleótidos que constituye la base de una cadena de ADN.

Este comentario lo resume perfectamente: «Fui al canal de YouTube y vi un vídeo que grabaste recientemente. No has envejecido en absoluto. De hecho, ahora pareces mucho más joven. ¿Cuál es el secreto?». No me he hecho cirugía estética. Si me conoces desde hace tiempo y me ves ahora, coincidirás conmigo.

11

Las espirales y su magia

T odo lo que está vivo tiene forma de espiral. Todo lo que viene de dimensiones superiores presenta espirales. Las espirales aparecen en la forma en que crecen las plantas (filotaxis). Las espirales nos permiten «ajustar el ritmo» de la información entrante. Todo está en movimiento. La evolución es curva y todo gira. Nada en el mundo es plano; nada en el mundo de la naturaleza es recto. Ni tus brazos, tu nariz, tus dedos o tus piernas. Claro que existen pistas de aterrizaje rectas y patrones rectos cuando dibujamos,

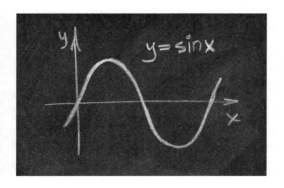

Fig. 11.1. Esta ilustración de una onda sinusoidal simple demuestra cómo el sonido se desplaza en ondas.

183

pero todo eso es artificial. Incluso los árboles tienen anillos. Sabemos que la luz se mueve en ondas. Sabemos que un color concreto produce longitudes de onda específicas. Sabemos que el humo asciende en curvas.

Esta conciencia de las espirales, especialmente la espiral correspondiente a la proporción áurea, se encuentra en todo el planeta en materia tanto orgánica como inorgánica. La espiral que surge de la relación conocida como *fi* (θ) o 1,618... Un momento, vamos a hacerlo más fácil. Empecemos por *pi* (π), 3,14, que sin duda te sonará del colegio. Es la relación constante que hay entre un círculo y su radio. Independientemente del tamaño del círculo, la relación del área ($A = \pi r^2$) permanece inalterable. Esto convierte a pi en una constante. Otra «constante» que suele aparecer es fi. Es lo que se conoce como la proporción áurea. Esta relación se encuentra en la espiral de doble hélice del ADN.

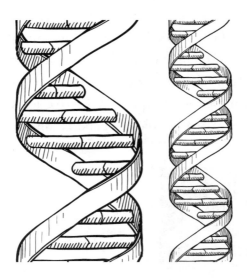

Fig. 11.2. La espiral de doble hélice del ADN, que se parece a una escalera retorcida.

El ADN se mide con una unidad conocida como angstrom (Å). La proporción entre la distancia más corta entre las curvas y la más larga corresponde a fi (21 y 34 angstroms). Si observamos el esqueleto, encontramos la misma relación entre los huesos.

Las ilustraciones siguientes muestran una herramienta llamada calibrador, que mide la proporción fi. La parte más pequeña representa «1» y la más larga representa 1,618 (fi). Podemos encontrar la relación fi entre la longitud del meñique y de la mano hasta la muñeca. A continuación, se puede ver la relación entre la

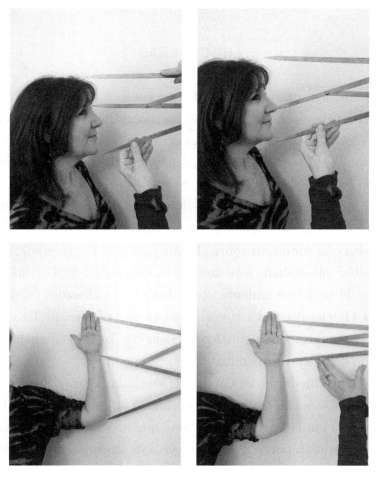

Fig. 11.3. Serie de fotografías que muestran la relación fi en el cuerpo humano.

muñeca y el antebrazo. Esto se repite en todo el cuerpo. Parece que todas las partes del cuerpo presentan una relación fi con otra parte del cuerpo. Esta relación fi está presente en todo el universo. También encontramos todo tipo de espirales en el mundo, por ejemplo en la forma en que crecen los pétalos de rosa o la manera en que aparece una galaxia en espiral. La espiral es una forma básica de la naturaleza y muchas de las espirales naturales presentan la proporción fi.

LOS CHAKRAS

Los humanos somos mucho más que cuerpos físicos. En Oriente, la parte invisible se denominó cuerpo etérico. Este representa todos los aspectos del cuerpo humano que no se pueden ver. Corresponde al sistema de chakras, que une o conecta estos cuerpos aparentemente dispares.

Nunca me habían atraído los libros tradicionales sobre chakras. Como mística, sabía que eran importantes, pero nunca llegaba a abrir los que compraba sobre el tema para estudiar las tradiciones que allí se plasmaban. Tuve una revelación cuando llegó a mis manos un libro del clarividente y teósofo C. W. Leadbeater[*] en el que cita a Helena Blavatsky, la cofundadora de la Sociedad Teosófica junto con un respetado místico del siglo XVII llamado Gitchel, cuyo trabajo detallo en el apéndice A del presente libro.

Incluía un dibujo de Gitchel de los chakras para destacar que los filósofos occidentales ya los conocían en esa época de la historia de la humanidad. Se menciona que no se sabía por qué había dibujado un perro corriendo cerca de la espiral alrededor de

---

[*] C. W. Leadbeater, *Los Chakras*, 1927, p. 14.

los chakras, pero yo sí lo sabía. Tuve una revelación y lo entendí inmediatamente. La idea inicial no era que la humanidad tuviera los chakras encerrados en el cuerpo. Esto se hizo por seguridad y para garantizar que no nos los pudieran robar. Alguna información básica sobre los chakras te ayudará a comprender lo que quiero decir.

En primer lugar, sabemos que el sistema de chakras es un sistema de ruedas sobre ruedas. Estas ruedas recogen y reciben información mediante la lectura del campo (energético) que nos rodea, y nos ayudan a conocer y «leer» el campo circundante. Los chakras actúan como un sistema de alerta avanzado. Cuando algo no va bien, lo sentimos en la boca del estómago (el chakra del plexo solar). Cuando ves a un antiguo amor, el corazón «te da un vuelco» (chakra del corazón). Mis guías me dijeron en 1995 que nuestro chakra más bajo debería ser el del corazón. Yo di por hecho (erróneamente) que los chakras inferiores acabarían por atrofiarse. Pero, al ver el dibujo de Gitchel, supe que estaba ante la respuesta al enigma con respecto a lo que me habían dicho mis guías. Comenzar por el corazón. Ahora ya sabía lo importante que era y podía entender que debemos empezar por abrir el corazón.

LAS FRECUENCIAS MAGNÉTICAS Y ELÉCTRICAS

Otra cosa que hay que dejar clara para acercarnos al sistema de chakras en espiral es el giro de 90°. El ser humano es tanto magnético como eléctrico.

A menos que seas ingeniero o electricista, puede que no sepas que estas fuerzas son irresistibles y opuestas, y convierten la electricidad en un gran misterio.

ONDAS ELECTROMAGNÉTICAS

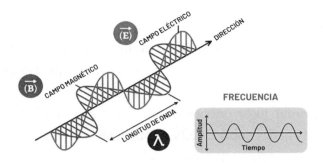

Fig. 11.4. Una ilustración de las ondas electromagnéticas.

Como se muestra en la ilustración, estas dos frecuencias, la eléctrica y la magnética, se encuentran en ángulos rectos una con respecto a la otra. El giro en ángulo recto (90°) parece ser una parte importante de los misterios que rodean los cambios de dimensión. Lo que sí sabemos es que la frecuencia magnética es receptiva y la frecuencia eléctrica permite avanzar. Y sabemos que el giro de 90 grados permite un cambio de dimensión.

Fig. 11.5. Una espiral áurea producida por la proporción fi.

UNA NUEVA ACTIVACIÓN DE LOS CHAKRAS

Desde 1995 sabía que debíamos empezar por el corazón, y no dejaba de preguntarme por qué nadie más veía lo mismo que yo o sabía lo mismo que yo. Decidí guardar esta información hasta que llegara el momento correcto. Esto finalmente ocurrió en 2017, cuando conocí a ThunderBeat, una chamana y música de gran talento. Me dijo que el sabio maya Águila Blanca, con quien había estado trabajando en los reinos internos, se le presentó energéticamente y le dijo con una voz muy autoritaria «Lo *primero* es el *corazón*», refiriéndose a su CD de meditaciones para los chakras, donde estos aparecían en el orden tradicional, empezando por el chakra raíz. Águila Blanca le dejó claro que debía reorganizar el CD de chakras y empezar por el del corazón, y ella así lo hizo. Después llegué yo con más información, y ahora hemos colaborado en una nueva meditación para los chakras con su contribución sonora. Se trata de su tercer CD de chakras, esta vez en cooperación conmigo.

Recuerda, a mí me habían mostrado que el corazón «terminaría siendo» el chakra «más bajo» del sistema de chakras. Me llevó un tiempo entender esto. Es una llamada de atención sobre el aspecto que podría llegar a tener el sistema de chakras. El viejo patrón de moverse por los chakras de forma lineal se basa en la matriz lineal de 3D, empezando por el chakra más bajo.

La vía evolucionada para activar los chakras tiene forma de espiral, lo que permite que cada uno de ellos se eleve gracias al inmediatamente superior, siguiendo un patrón en espiral, igual que todo lo demás en la Creación. La espiral rompe las barreras hacia una consciencia superior y permite abrir cada uno de los chakras y alcanzar su máximo potencial.

La meditación de los chakras en espiral empieza en el corazón y, después, se lleva la atención del corazón hacia abajo (¡no hacia

arriba!), hacia el bazo. El bazo se tonifica con la energía del corazón, y luego se repite esta elevación de los chakras con la energía del
chakra inmediatamente inferior. Cada uno de los chakras superiores limpia y da soporte al que está debajo, permitiendo que se eleve. Inicialmente, con el chakra del corazón activado, te mueves en
espiral hacia abajo, después hacia arriba, hacia abajo y una vez más
hacia arriba, pero pensando en cada chakra de una forma nueva.
No podía imaginarme que recibiría esta información de esta manera y, sin embargo, tenía perfectamente claro que se trataba de una
herramienta para los chakras del máximo nivel. Se la he mostrado
a los participantes del Ascension Institute durante los tres últimos
años con resultados asombrosos. Una persona me escribió lo siguiente: «Cada vez veo más y más con esta meditación en espiral.
¡Me encanta!».

En esta activación en espiral no se recarga el sacro, donde se
encuentran las gónadas. En su lugar, se eleva el chakra del bazo, que
también es uno de los chakras de los rayos secretos. Los primeros
discípulos nunca activaban los chakras de los centros sexuales, pero
sabían que el bazo está relacionado con la vitalidad y que recibía su
energía del sol. Además, muchos místicos consideraban peligrosa
la activación de la energía en los centros reproductores. Según escribe C. W. Leadbeater en su libro *Los chakras*: «El chakra del bazo
no está indicado en los libros de la India, y en su lugar se nombra
un centro llamado *swadhishthana*, sito en la vecindad de los órganos
de generación, al cual se asignan los mismos seis pétalos. A nuestro
entender el despertar de este centro debe considerarse como una
desgracia por los graves peligros con él relacionados. En el plan
egipcio de desenvolvimiento se tomaban exquisitas precauciones
para evitar semejante despertar».[*]

---

[*] MaYoFi. C. W. Leadbeater, *Los Chakras*, p. 74. (La cita en castellano corresponde a la traducción de Federico Climent Terrer, Los Chakras, p. 74).

Además, los chakras no estaban destinados a estar situados tan cerca del cuerpo. Inicialmente, la idea era que fueran como energía orbitando, no que estuvieran fijos. Esto significa que habría que tomar todo el sistema de chakras y aplicarle un giro de 90° lateralmente. Imagina el modelo bidimensional que va hacia arriba y hacia abajo desde el corazón y gira todo el sistema sobre sí mismo, creando una espiral, con los centros de los chakras rotando alrededor del corazón, dando la vuelta al cuerpo. Después, se alinean en el centro del corazón. De esta forma, el chakra del corazón se convierte tanto en la *base* como en el chakra central del sistema activado. Siempre se da la instrucción de permitir que los chakras vuelvan al cuerpo al final de la meditación hasta que puedes mantener de forma segura el campo del MerKaBa activado y ser cada vez más consciente de tus centros energéticos.

Recuerda que el chakra de la corona está situado en la parte superior del cráneo, en el mismo sitio que la fontanela de los bebés. Todas las ubicaciones de los chakras son depresiones, ya que fueron introducidos en el cuerpo. A medida que te desarrollas, los chakras empiezan a rellenarse y dilatarse, hasta alcanzar una forma más parecida a un platillo tridimensional que a un disco plano. El siguiente paso es permitir que se expandan y, en la meditación en espiral, que se muevan fuera del cuerpo brevemente. Con el desarrollo espiritual, aumenta tanto su tamaño como su resplandor. Este es el motivo de la protuberancia de la corona que se puede ver en muchas representaciones de Buda en la parte superior de la cabeza.

MEDITACIÓN DE LOS CHAKRAS EN ESPIRAL

1. EL CHAKRA DEL CORAZÓN

Lleva toda la atención al corazón. Siente gratitud. Piensa que quieres abrir tu corazón aún más. La rueda del primer chakra está situada en el centro del pecho, al mismo nivel que el corazón, y es de color dorado brillante. Ondula, se mueve y se expresa a través de doce radios. Lo importante es potenciar tu parte divina en el chakra del corazón. Envía amor a tu corazón. ¡Ama a tu chakra cardíaco!

2. EL CHAKRA DEL OMBLIGO

Para llegar al segundo centro, hacemos descender la espiral hasta el ombligo o el plexo solar, donde puedes recibir un impulso primordial procedente del amor incondicional del corazón. Aquí hay diez radios. Por lo general, los humanos se han centrado en el miedo, y la supervivencia en todas sus versiones, y este chakra está muy relacionado con sentimientos y emociones de diversos tipos. Ahora, colmarás este chakra de amor, seguridad, alegría y paz, sabiendo que todo lo que solía causarte temor ya no puede afectarte de ninguna manera.

Aunque los colores predominantes del plexo solar son el naranja y el rojo, también contiene un poco de verde. Has infundido más energía del corazón, de forma que el verde está más presente. El verde permite equilibrar la energía de desasosiego o temor y acceder a un lugar de consciencia sin miedo, donde todo está bien. La ausencia de miedo no implica ir a lugares peligrosos sin tomar precauciones. Ahora recibes esta energía equilibrada, sabes que tienes seguridad y amor, y puedes expresar todo esto mediante el chakra de la garganta.

3. EL CHAKRA DE LA GARGANTA

Ahora llevamos esta energía equilibrada a la garganta, lo que permite expresar amor, seguridad, compasión y protección de forma equilibrada por medio de la voz. Puedes expresar este amor hacia cualquiera con quien tengas contacto. Puedes decir la verdad en un contexto de amor y seguridad. Esto amplifica enormemente tu poder, porque ya no provoca temor en ti ni en otras personas. El tercer centro al que estás llevando la atención, el de la garganta, tiene dieciséis radios. Contiene bastante azul, pero, en el alma evolucionada, es de color plateado y brillante.

4. EL CHAKRA DEL BAZO

Descendemos en espiral hacia el cuarto centro, situado en el bazo. Su objetivo es la especialización, la subdivisión y la dispersión de la vitalidad que nos aporta el sol. Esto es sumamente importante, ya que fluye hacia el chakra del corazón, el cual se expande para contener todo este amor y esta luz. Por eso también es uno de los chakras de los rayos secretos. Es, literalmente, el centro de poder del sol que subyace a tu sol. Has integrado mucha de tu energía y ahora es el momento de permitir que se extienda por todo el cuerpo. Has contenido dentro de ti tu propio poder personal junto con la conciencia de tu entorno y el amor incondicional que lo mantiene todo en equilibrio. Esto te aporta una verdadera vitalidad que se despliega en todas direcciones, incluidos los órganos creadores, pero sin centrarse en ellos. Cada uno de los seis rayos que irradian lleva consigo uno de los colores primarios en sus expresiones más vibrantes, que representan las fuerzas vitales de los siete rayos. Es el único chakra que tiene una función doble: es tanto receptor como emisor.

5. EL CHAKRA DEL ENTRECEJO

Ahora ascendemos hasta el tercer ojo. Llevas hacia él tu vínculo con la fuente y tu vitalidad. La conexión con el tercer ojo te lleva a alcanzar una dicha y una maestría que no podrían existir de otra manera. Esto permite abrirse a ideas nuevas y ser receptivo a las conexiones que se crean con el Espíritu y los planos superiores de existencia. Esta armonización hace que puedas utilizar el discernimiento físico junto con el discernimiento espiritual *para crear un nivel de maestría y convertirte en un maestro ascendido en la Tierra. Este chakra está rodeado por un gran misterio. Sabemos que está relacionado con la glándula pineal de una forma muy especializada, lo que permite percibir sin saber por qué se sabe.*

6. EL CHAKRA RAÍZ

La función principal de la sexta rueda, situada en la base de la columna, está relacionada con la energía vital. Sin embargo, al haberla imbuido con la energía de los demás chakras en su estado más evolucionado, tu conexión física con el cuerpo físico y la humanidad tiene un carácter más compasivo y gratificante. Esto permite que el cuerpo físico haga uso del poder, la seguridad, el amor incondicional y la percepción de todos tus chakras, y hace que el canal de sabiduría y la consciencia de los reinos superiores abarquen todo el cuerpo. Todas las células están más vivas gracias a estas energías de la espiral.

7. EL CHAKRA DE LA CORONA

Ahora llegamos al chakra de la corona, situado en la parte superior de la cabeza. La séptima rueda también está conectada con la glándula pineal y con el chakra del tercer ojo, y amplifica esta energía hacia la coronilla. El ángulo recto (90°) reaparece en un importante vínculo entre el tercer ojo y la pineal, y luego la energía emana hacia arriba en dirección a la coronilla. Ahora que has anclado todas las energías del cuerpo físico en este chakra, tienes la habilidad y la capacidad de comprenderte a ti mismo y a los que te rodean con tanto amor y compasión que los entiendes aunque ellos no se entiendan a sí mismos. Te permite empezar a conectar con la gran consciencia de esta realidad. El ángulo recto que existe entre el tercer ojo y el chakra de la corona literalmente te catapulta a una dimensión superior. Habiendo agregado todos los chakras a esta espiral, esta se mueve ahora a tu alrededor. Debes comprender que esto te permite alcanzar esa consciencia. Lo que hagas con esa consciencia depende de ti.

Fig. 11.6. Estatua de Quan Yin en un famoso restaurante de Taipei (Taiwán).

CHAKRA DE LA ESTRELLA DE LA TIERRA

A continuación, llevamos la atención por debajo de los pies. Este chakra no está conectado a ti físicamente, pero sí está presente en tu cuerpo energético. Este centro es nuevo para los humanos terrestres, ya que estamos adquiriendo cada vez más conocimientos en relación con la esfera espiritual y sobre ella. Los reinos superiores son parte de una nueva activación que está por venir. Los que estáis practicando la meditación del MerKaBa de 5D ya estáis accediendo a esa energía. Lo que hace el chakra de la estrella de la Tierra es integrar las energías de todos los chakras que has trabajado mediante la espiral en la Tierra, además de permitir que te comuniques directamente con ella. También permite el fortalecimiento simultáneo de tu propio ser y de la Madre Tierra. Este chakra suele ser una hermosa rosa de color morado mezclado con tonos terrosos.

8. EL OCTAVO CHAKRA: EL PORTAL AL YO SUPERIOR

Después, volvemos a llevar la espiral hacia arriba hasta el chakra situado sobre la cabeza, el octavo chakra, el portal al yo superior. Aquí es donde encontrarás al yo superior, y es el puente entre el cielo y la Tierra. Es un canal que se ensancha cada vez que conectas con tu yo superior. Es el portal donde irradian las energías del yo superior. Crea una energía increíble. Tiene un centro exquisito de color turquesa y lavanda, mientras que la vibración interna es de color verde azulado con ondulaciones de un dorado rojizo.

Ahora, imagina que has anclado tu tubo pránico a la energía del chakra de la estrella de la Tierra y al octavo chakra, y visualízalos ambos: uno sobre la cabeza y otro bajo los pies. Imagina que es como un giroscopio y, a continuación, toma todo el sistema y rótalo 90°, manteniendo el corazón en el centro y permitiendo que los centros de los chakras se muevan a tu alrededor. Deja que permanezcan así durante un momento.

Como he mencionado anteriormente, cuando los humanos recibieron los chakras, no estaban destinados a estar encerrados dentro del cuerpo. La idea es que estuvieran situados fuera, donde son mucho más poderosos. Deja que esta sensación intensifique la consciencia de tu expansión hacia la maestría.

Continúa con esta visualización todo el tiempo que desees y, después, deja que los chakras roten de nuevo hasta su lugar habitual. Siente cómo vuelven al sitio de siempre. Permite que disfruten de su nueva dirección y que vean el nuevo chi que has obtenido y atesorado en estos chakras al moverlos en espiral. La energía que has creado puede permanecer en tu cuerpo perfectamente. Puede que sientas que los chakras se mueven en el cuerpo de esta nueva forma durante un día más o menos.

Gradualmente, puedes ir dejando que los chakras permanezcan en su nueva ubicación exterior de forma permanente.

Abre los ojos cuando estés listo. Puede que quieras sellar los chakras moviendo las manos sobre ellos. Esta energía te resultará mucho más útil de esta forma. Una estudiante me dijo: «Sabía a dónde ibas a dirigirte antes de que lo hicieras, y ahora me siento mucho más viva».

USO DEL LÁSER PARA LIMPIAR LOS CHAKRAS

Algunos de nosotros hemos asistido a ferias comerciales cuando se estaba desarrollando este trabajo con láseres y empezamos a aplicarnos láseres de Vibranz en el chakra del corazón. Al principio, notamos varias cosas, incluida la sensación de que la columna vertebral se fortalecía y se enderezaba. En una clase que estaba dando en China, apliqué el láser a todos los chakras de cada uno de los aproximadamente setenta alumnos presentes. La clase ya había terminado. A pesar de que era ya tarde, todos los estudiantes se quedaron para recibir este tratamiento de noventa segundos en el que les aplicaba el láser desde una distancia aproximada de un metro ochenta centímetros. Yo estaba muy cansada, ya que llevaba más de una semana dando clase allí. No obstante, cuando terminé, me sentía muy bien. También noté que mi postura era más erguida que antes. Cuando compartí esta información con un amigo, meditó sobre ello y decidió aplicarse el láser en todos los chakras.

Un día, durante la feria comercial, ayudó al hombre del estand de al lado a montar su equipo de fotografía Kirlian. A cambio, este hombre ofreció a Joe una foto gratuita de su aura. Joe volvió a su estand y se aplicó el láser en los chakras, como solía hacer a diario. Se preguntaba cómo sería la foto de su aura tras el tratamiento con láser.

¡Sus chakras estaban alineados y su aura era significativamente mayor y de un color blanco puro, lo que significa que ahora irradiaba todo el arcoíris!

Repetimos este experimento siempre que tenemos ocasión, con el mismo resultado. Te animo a investigar el increíble potencial del uso de láseres para trabajar los chakras si deseas descubrir también las sorprendentes formas en que pueden ayudarte.

12

¿Quiénes somos?

S i tenemos todo esto en cuenta y lo incorporamos en una forma de vida y una forma de ser, surge la oportunidad de ir por
delante... no para ser el primero, sino para poder ayudar a otros.
Tu tarea consiste en continuar con la cadena para transmitir el conocimiento y la comprensión, actuando como un padre amoroso
y compasivo que disfruta viendo cómo sus hijos adquieren conocimientos.

Recapitular los principios fundamentales de este libro implica pedirte que comprendas e integres cierta información. Eres una
semilla estelar, un guardián o un guía. Si eres una semilla estelar,
tu energía es más pura que la de la mayoría. La dificultad radica
en que crees que eres humano y debes descubrir que, en realidad,
eres de otra parte. Tu carga por tanto es acceder a la consciencia
superior para *poder* ver lo que hay que hacer y, después, actuar en
consecuencia.

Los guías pueden venir de cualquier parte de la galaxia o más
allá y están aquí en gran número para despertar a la humanidad.

Han albergado mucho conocimiento a lo largo del tiempo y están más cómodos en esta realidad que otros, aunque se dan cuenta de que es necesario un cambio. Tienen más paciencia que las semillas estelares porque «lo captan» con claridad. Entienden cómo es ser humano porque han vivido muchas vidas humanas. Es evidente que han evolucionado gracias a la experiencia humana; están preparados y son capaces de ayudar en la transformación como sanadores y maestros. Parte de ellos se sentían raros. Pues resulta que los humanos comunes son realmente los raros, ya que ha llegado la hora y el momento de la historia en que todo se da la vuelta y se pone del revés.

Confía en tu conocimiento.

Los guardianes tienen un papel muy especial, ya que están bastante cómodos siendo humanos, a pesar de que sienten una llamada interior para apoyar a una o varias personas que son semillas estelares o guías. Puede que su trabajo no tenga tanto que ver con el «despertar» de la humanidad como con el respaldo (mediante su presencia física y, quizá, también de forma económica y emocional) que proporcionan a aquellos que forman parte del equipo del despertar.

Muchos de ellos proceden del reino angelical y no comprenden por qué la vida en la Tierra es tan dura. Es comprensible. Ser del reino angelical hace que estar en un cuerpo y experimentar la inhumanidad de la raza humana con sus congéneres resulte físicamente doloroso. Como seres angélicos, es posible que necesiten proteger sus chakras y evitar situaciones dolorosas, tanto en la pantalla como en la vida real. Los ángeles encarnados son los que tienen más dificultades para superar los malos hábitos, como comer en exceso, ver mucho la televisión, buscar en Internet incesantemente u otros comportamientos adictivos. Pero, al mismo tiempo, tienen una fe inquebrantable en Dios o la Fuente: simplemente saben que Dios *existe*. Pueden caer muy bajo porque han olvidado que tienen la posibilidad de pedir ayuda a sus hermanos ángeles y a sus guardianes, tanto visibles como invisibles. Lo único que necesitan es ayuda, y pedirla es lo «normal» en su caso, aunque es posible que no se hayan dado cuenta hasta ahora.

Muchos de vosotros os preguntáis qué es exactamente la Ascensión. Realmente, la explicación más sencilla es que se trata del paso evolutivo que permite que una mayor parte del ser divino se exprese de forma humana. Es necesario un salto evolutivo para llegar ahí, y ese es el motivo de que haya tantos ayudantes aquí para asegurarse de que esta transición se produzca de manera fluida. Para todos vosotros, la Ascensión no es tanto un requisito como una oportunidad de experimentar cómo es ser humano y evolucionado al mismo tiempo. Es muy probable que no necesitéis experimentar cómo «merecer la Ascensión», sino aprender sobre ella. Estar en un cuerpo humano es una experiencia que se debe compartir y comprender para poder ayudar a los demás, que es parte de vuestra misión.

¿QUÉ VIENE A CONTINUACIÓN?

A medida que entramos en esta gran era dorada que se nos prometió hace mucho tiempo, te embargará una sensación de alivio y felicidad. Ha sido un poco como preguntarse cuándo tu bebé dejará de necesitar pañales. Llevas tiempo preparado para que todos los demás se pongan al día y den un paso adelante. Un día esta época habrá pasado, y toda la humanidad vivirá nuevas aventuras. Justo ahora, la humanidad está pasando por la agonía de aprender que todo era un juego. Algunos de los jugadores han ido demasiado lejos y el juego ha terminado. La decisión más difícil será permanecer al margen del juicio. Es una decisión porque tienes tan inculcadas las ideas de «carencia» y «justicia» que es posible que no comprendas la posibilidad de la ausencia de una falta, y mucho menos la posibilidad de una falta sin castigo.

Muchos de vosotros sois seres tan elevados que vuestras sensibilidades y vuestra ética os impiden dar cabida a esta noción. ¿Cómo pueden quedar todas estas atrocidades sin castigo? La pena será no estar contigo, no estar con la Fuente, y eso ya es suficiente. Los que fallaron cometieron errores. Los que fallaron repetidamente eligieron cortar la conexión con Dios. Incluso aquellos que han cortado esta conexión podrán encontrar de nuevo su camino hacia Él y participar de pleno en la sociedad si eligen la opción del único Dios. Recuerda que tu tarea no es estar pendiente de los demás, sino asegurarte de haber cumplido con tu parte. De esta forma, el juicio perderá fuerza en ti y querrás y podrás dar la bienvenida a los que te han decepcionado, a los que han dañado a la humanidad, etc.

Te pedimos que prestes atención a tu resistencia. Observa tu polaridad y permítete vacilar. Al igual que la electricidad, que implica elementos de oposición y atracción de las energías magnética y eléctrica, tu experiencia de la polaridad te impulsa a la siguiente experiencia y, en definitiva, aumenta tu habilidad para acceder a planos de existencia superiores.

LA DIMENSIÓN MAGNÁNIMA CANALIZADA POR MAUREEN DESDE EL CONCILIO DE LOS NUEVE

¡Ahora pido el resultado más magnánimo!

Vamos a hablar sobre la Dimensión Magnánima. Tal y como hemos indicado, os hemos instado a incorporar la energía de la integración combinada de tres dimensiones. Sabemos que estáis bastante familiarizados con la energía de la tercera dimensión: su polaridad, su divisionismo, su bondad... Sí, hay bondad en la tercera dimensión. La cuarta dimensión se está integrando ahora dentro de cada uno de vosotros. Estáis empezando a acceder a las profundidades de la alegría, la presencia y el amor. La cuarta dimensión es el portal a través del cual os magnificáis y os transportáis a la quinta dimensión. Ya que vuestro mundo ha tardado tanto en ponerse al día, ahora os ofrecemos la cualidad combinada de este nexo hacia la quinta dimensión para que llegue a todos y cada uno de vosotros. La llamamos la «Dimensión Magnánima», y se trata de una energía de gran integración. Consiste en conocer y entender los peligros de la tercera, la pasión de la cuarta y el éxtasis de la quinta, y destilarlo todo en un elixir exquisito de magnanimidad.

Desde la quinta dimensión, aceptar y permitir esto es ser magnánimo. ¡No hay otra forma de describirlo! Imagina que te encuentras en los muelles de un puerto muy grande. Todos los barcos de ese puerto han salido a navegar pero, de alguna manera, siguen amarrados. Algunos están más cerca que otros. Tienes un cabrestante mágico que puedes girar y que te permite traer todos los barcos al puerto. Lo giras lentamente, con suavidad, llevando cada barco hasta su muelle, tomándote tu tiempo, con la marea alta o baja. *Esta* es la dimensión magnánima: un lugar de gran compasión y amor para toda la humanidad.

EL CONCILIO DE LOS NUEVE

MEDITACIONES GUIADAS

Todas estas meditaciones guiadas te ayudarán si eliges dedicar y programar tiempo para enfocarte hacia dentro a fin de fomentar una mayor consciencia de quién eres y de aumentar la integración en tu cuerpo físico. Las meditaciones y las activaciones que contiene este libro te permitirán llegar a donde quieres estar. Te aportarán la tranquilidad necesaria para deshacerte de tu traje de 3D y reemplazarlo por el de 5D. Podrás ser como los abuelos con sus nietos. Los quieren tanto que no les importan sus elecciones ni cómo se comportan, y saben que terminarán evolucionando, así que no se preocupan por ello.

La meditación de la era dorada es una meditación muy potente que te llevará a la gran era dorada de forma tan poderosa que ya no te preocupará el miedo. Los doce puntos de luz te ayudarán a inspirar en ti y en tu realidad, así como en aquellos que te importan, tanta energía complementaria que nada podrá detenerte. Finalmente, la meditación de los chakras en espiral anclará en tu realidad el verdadero camino de la Creación a través de la espiral.

Te animamos a practicar con estas meditaciones para lograr estados cada vez más elevados de meditación con consciencia interna. Estos estados superiores te permitirán anclar más luz y conexión procedente de tus expresiones más elevadas en el campo de energía físico, lo que hará que te eleves junto con todos los que te rodean.

La meditación guiada de los chakras en espiral provoca varias cosas en ti. Te aleja del tan humano enfoque masculino para llevarte hacia un enfoque más suave y más femenino a la hora de trabajar y activar los chakras. Te hace serpentear de un lado a otro, empezando por el corazón. Envuelve cada uno de los chakras con las energías más elevadas del chakra inmediatamente superior, en lugar de intentar elevar cada chakra para que esté a la altura del situado justo encima. Este cambio con respecto a la manera clásica de moverse por los chakras, que permite que el flujo de la energía y la atención pase de una expansión que va de fuera y arriba a otra que parte de dentro y conduce a una conexión elevada, inhibe temporalmente tu expresión física y la deja fuera del foco con el fin de encender tu fuego interno.

Al estar dentro de un cuerpo, piensas que eres un ser humano. No obstante, si centras la energía en el corazón, la conexión con la Fuente y la chispa divina aparecen primero en el corazón y luego en el plexo solar. Esto crea una corriente de expresión que nace en el corazón y desciende por la espalda hasta el plexo solar. También se crea otra corriente hacia los chakras superiores, lo que genera una espiral que se hace tan poderosa que te permite amplificar la consciencia divina en todas las partes de tu ser.

Siempre he sabido que el primer chakra era el del corazón. Tal y como expliqué en el capítulo anterior, los chakras debían de haber funcionado como satélites, permitiendo así el acceso a expresiones cada vez más elevadas de la Creación. Esta es una formidable oportunidad de llevar tu trabajo al siguiente nivel.

LA GEOMETRÍA SAGRADA TRANSMITE FORTALEZA E INTEGRIDAD

Gracias a mi eterno amor por la geometría y lo que ahora se denomina «geometría sagrada», he aprendido que es muy importante comprender y utilizar la geometría para avanzar espiritualmente. El trabajo de Endre Balogh, el artista que ha creado las portadas de mis últimos tres libros (en inglés), es un magnífico ejemplo. Su arte representa la simetría, el equilibrio, el orden y mucho más. Artista autodidacta y niño prodigio como violinista en sus inicios, empezó a crear estos mandalas o «sinergeometrías», como él las llama, después de una tragedia personal. Actualmente su número asciende a más de ochocientas. Soy una gran admiradora de su trabajo, y te animo a buscar mandalas de geometría simétrica para dibujarlos por ti mismo o para observarlos a diario. Transmiten una suerte de creatividad y uniformidad a la consciencia que actuarán como marco o estructura para todas tus creaciones. Ofrecen una libertad limitada y dan cabida al movimiento, así como al orden y la simplicidad. Entrenan tu subconsciente para que se eleve dentro de un orden, lo cual desafía la idea misma de la teoría del caos y la entropía.

ACTIVACIÓN DE LA GLÁNDULA PINEAL

Edgar Cayce dijo: «Mantén la glándula pineal en funcionamiento y no envejecerás; siempre serás joven».[*] Presta atención a los muchos elementos adversos para la glándula pineal. El enemigo número uno, como ya hemos visto, es la calcificación provocada por el flúor. El flúor se utiliza para eliminar gérmenes, por lo que se encuentra en los envases de alimentos liofilizados y los envases al vacío. También está presente en todos los productos dentales que emplean los dentistas. No dejes de ir al dentista, pero toma medidas para contrarrestarlo cuando vayas.

Ofrece a tu cuerpo una oportunidad real para restablecer los ritmos circadianos mediante el uso de un antifaz o una almohadilla para los ojos que no deje pasar la luz cuando te vayas a dormir por la noche. Tómate tiempo para pasear por el parque sin el teléfono y alejarte de los campos electromagnéticos. Esto te aportará dos beneficios: te permitirá reconectar con la naturaleza y dará un descanso a la glándula pineal del bombardeo del móvil y otras actividades electrónicas tan generalizadas en nuestra vida diaria.

Muchas culturas antiguas *sabían* que la claridad en el tercer ojo estaba relacionada con el buen funcionamiento de la glándula pineal. El conocimiento sobre los alimentos, las hierbas, las mezclas de aceites, las piedras y las técnicas que estas culturas utilizaban

---

[*] Lectura 294-141 de la colección de archivos en circulación disponible en el sitio web Edgar Cayce's Association for Research and Enlightenment.

para apoyar estos dos centros de poder puede ayudarte a encontrar herramientas que resuenen contigo. Por ejemplo, Love es una mezcla de aceites desarrollada por Vibranz de acuerdo con estos principios. Según mi experiencia, solo es necesario colocar una gota en el tercer ojo para que te ayude a conservar la serenidad y a permanecer centrado en el corazón. Se han realizado muchas pruebas con los productos de Vibranz, pero pondré como ejemplo el caso de un adulto autista cuyos ataques de ira desaparecían cuando su madre le ponía Love Lotion en el tercer ojo. Y si se le olvidaba usarlo o alguna comida problemática daba lugar a un episodio de ira, la mezcla Love hacía que todo el drama desapareciera por completo. Mantener la glándula pineal y el tercer ojo despejados permite una meditación más profunda, mayor conexión con la Fuente y más claridad mental. Los alimentos que benefician la glándula pineal son el *shilajit*, el cacao y el tamarindo.

A continuación, te ofrezco una pequeña meditación que puedes usar para reactivar y expandir la glándula pineal. Te conectará con tu corazón, tu cuerpo y tu cerebro de 5D. Se reactivará el ADN en tu corazón, cuerpo y cerebro de 5D. Es como una oración en forma de orden para reactivar la glándula pineal.

Puede que te sea útil copiarla y recitarla a diario durante un tiempo.

▶ Reactivación de la glándula pineal

- ORDENO AHORA a mi yo superior que reactive mi ADN.
- ORDENO AHORA a mi yo superior que reconecte mi corazón, cuerpo y cerebro de 5D.
- ORDENO AHORA a mi glándula pineal que distribuya su energía por todo mi cuerpo y la irradie hacia fuera en forma de toroide.
- ORDENO AHORA a mi glándula pineal que se expanda hasta su máximo nivel de funcionalidad y se mantenga así para siempre.

CÓMO TRABAJAR CON LA MATRIZ DE ENERGÍA

La matriz de energía es el campo dentro del cual viven los seres humanos. Es el «éter» de la antigüedad y el *chi* de las culturas orientales. Esta matriz constituye la energía que te rodea y de la cual puedes hacer uso (como experto o como maestro) o no. Si no la utilizas en tu beneficio, su presencia es gratuita.

¿Cómo se aprende a dominar la matriz de energía?

La matriz de energía es el campo que *permite captar y dirigir el flujo de chi.* Los seres humanos emplean la matriz de energía de muchas maneras. Cuando actúan con integridad, están alineados con la matriz de energía. Cuando cuidan bien de su cuerpo y siguen los ritmos circadianos que deben respetar, crean una conexión con la matriz de energía. El tiempo no tiene nada que ver. Deja de culpar a las experiencias anteriores. Por ejemplo: «Como no he dormido suficiente, estoy agotada» o «Siempre se me hinchan los pies cuando viajo». *También es posible dirigir la matriz de energía o dirigir energía a través de esta matriz* mediante el entrenamiento intencionado de la energía. La integridad te alinea con la matriz de energía, lo cual permite hacer uso de ella de forma acertada. ¿Cómo se consigue esto?:

- Cuida bien de tu cuerpo por medio de la alimentación, el ejercicio y el descanso adecuados.
- Acepta los ritmos circadianos únicos de tu cuerpo y respétalos.
- Sana las heridas emocionales con las herramientas que tienes a tu disposición (consulta el anexo de herramientas de sanación emocional en el apéndice B).
- Persigue la correspondencia entre lo que piensas, lo que dices y lo que haces, es decir, practica la integridad.

Estas prácticas te pueden ayudar a alcanzar la maestría de tu consciencia de 5D y a integrarla de forma más plena en tu vida.

Debes entender que el fluir de la vida no es lineal, sino que tiene forma de espiral. La mayor parte de los seres humanos piensan de forma lineal porque eso es lo que les han enseñado. Incluso puedes creer que los acontecimientos de tu vida son lineales, pero eso tampoco es siempre así. Cuanto más trabajes con el tiempo, más facilidad tendrás para ver cómo los sucesos se entrelazan a través del tiempo.

Bendice todo lo que ocurra como parte de la creación de la conciencia pura. Recuerda que tú participas en todos los niveles, tanto si eres consciente de ello como si no. Tus observaciones solamente están restringidas por tus límites, creencias y hábitos. ¿Tus creencias te mantienen seguro o estancado? Cuando eliges estar abierto a lo que el mundo te ofrece, encuentras tu camino con gracia y facilidad.

Lo «normal» es una fantasía, es algo que no existe. Debes esperar sentirte asombrado, sorprendido y maravillado. Llevar un registro de todas las experiencias inusuales te ayudará a permanecer maravillado. ¡Incluso puedes escribir que estás preparado para más! A los humanos les gusta compartimentar su conocimiento; esto, aunque pueda resultar útil en la 3D, no es necesario en la 5D y a veces incluso puede obstaculizar la maestría.

Los humanos nos estamos adentrando en territorio sin explorar. Todos estamos destinados a convertirnos en maestros ascendidos. Como cuando acabas de terminar la universidad, no puedes llegar a comprender las complejidades y las sorpresas que te esperan al acceder a la edad adulta. En mis talleres, a veces cuento una historia sobre nuestra transformación y utilizo la siguiente metáfora: «¿Cómo llamarías a un marido anterior, exmarido o antiguo marido? Sería incluso mejor llamarlo tu marido de entrenamiento».

Todo lo que piensas que sabes hoy podría darse la vuelta. El objetivo de dominar tu yo de quinta dimensión es convertirte en la versión más evolucionada de ti mismo, tu versión de maestro ascendido. El universo se está expandiendo, igual que la humanidad. En cualquier momento, puede que necesites abandonar la expansión y encontrar un punto de descanso. Puedes quedarte ahí toda una eternidad o puedes continuar expandiendo la Creación. No dejes que nadie te diga que no puedes escapar de tus patrones. No hay límites en cuanto a la habilidad humana para crecer, evolucionar y cambiar. Ahí reside el secreto de la chispa divina.

Apéndice A

Otros registros de los centros

Parece que ciertos místicos europeos tenían conocimiento de los chakras. Habitualmente se describen en la literatura sánscrita, en algunos de los Upanishads menores, en los Puranas y en obras tántricas. También los emplean hoy en día muchos yoguis indios. Un amigo familiarizado con la vida interna en la India me asegura que conoce una escuela en ese país donde se utilizan libremente los chakras. Se trata de una escuela compuesta por alrededor de dieciséis mil personas repartidas por un área extensa.

También está el libro titulado *Theosophia Practica*, del conocido místico alemán Johann Georg Gichtel, un discípulo de Jakob Böhme, que probablemente pertenecía a la sociedad secreta de los Rosacruces. Gichtel, nacido en 1638 en Ratisbona (Baviera), estudió Teología y Derecho, y ejerció como abogado. Pero, posteriormente, al hacerse consciente del mundo espiritual interno, abandonó todos los intereses mundanos y se convirtió en el fundador de un movimiento cristiano místico.

Al oponerse a la ignorante ortodoxia de su época, suscitó el odio de aquellos a los que atacaba, lo cual provocó que, alrededor del año 1670, fuese desterrado y se confiscaran sus propiedades. Finalmente, encontró refugio en Holanda, donde residió el resto de sus cuarenta años de vida.

Evidentemente, consideraba que las figuras incluidas en su obra *Theosophia Practica* tenían una naturaleza secreta; aparentemente, las mantuvo dentro del pequeño círculo de sus discípulos durante bastantes años. Eran, según él, el resultado de una iluminación interior (probablemente lo que hoy llamaríamos clarividencia). En la portada de su libro afirma que es una «Breve exposición de los tres principios de los tres mundos del hombre, representados en claras imágenes, que demuestran cómo y en dónde tienen sus respectivos centros en el hombre interior, según lo que el autor observó en sí mismo en divina contemplación y lo que sintió, experimentó y percibió».

Apéndice B

Conexión con el yo superior

S iempre proporciono nuevos datos esclarecedores sobre la conexión con el yo superior. He escrito mucho sobre este tema porque es la herramienta más importante de todas y, como tal, supera a todas las demás de las que dispongas. Tu yo superior eres *tú* totalmente conectado a Dios.

Es la versión de ti mismo que cuida de ti, de tu vida y de todo lo incluido en ella, además de tener acceso a todas las distintas permutaciones de la vida, la familia, las amistades, el trabajo y tu conexión divina. Una vez que conectas con tu yo superior y tienes acceso a él mientras te encuentras en el cuerpo de 3D, siempre puedes elegir el mayor y más elevado bien, lo cual te acerca a poder expresar tu ser más completo, es decir, tu versión de maestro ascendido (o tu yo superior).

Aquí tienes las instrucciones abreviadas. Para ver las instrucciones detalladas, consulta los capítulos cuatro y cinco de *Beyond the Flower of Life*, a partir de la página 70.

TRES PASOS PARA UNA CONEXIÓN CIEN POR CIEN PRECISA CON EL YO SUPERIOR

Haz esto durante un mínimo de cuarenta y cinco días, que es el período de práctica. Calcula cuál será el último día de tu período de práctica. Si hoy es 1 de marzo, el 15 de abril terminará.

1. Haz *solo* preguntas que se puedan contestar con sí o no. No realices preguntas abiertas. Pregunta cosas intrascendentes e insignificantes cuyo resultado no tenga importancia, tales como: «yo superior, ¿es para mi mayor y más elevado bien que tome este camino para ir al trabajo?» o «yo superior, ¿es para mi mayor y más elevado bien que me ponga la camisa roja?». Sigue realizando preguntas nuevas (sobre qué ropa ponerte) hasta que obtengas un sí. Pregunta cosas sin importancia a lo largo del día, entre treinta y cincuenta veces.

2. Respeta siempre la respuesta, sin excepciones. Esto sirve para mantener claro el período de práctica. Cuando finalice este período, si decides no hacer caso a tu yo superior no pasa nada, aunque probablemente lo lamentarás. Por tanto, no hagas preguntas importantes. Si no tienes más remedio que hacer una pregunta importante antes de que pasen los cuarenta y cinco días, hazlo como una excepción, pero que esto no se convierta en una costumbre.

3. No utilices ninguna forma de adivinación durante el período de práctica. No recurras a la kinesiología, pruebas musculares, pruebas con los dedos, cartas o péndulos. La adivinación tiene su lugar y puede resultar útil, pero no durante el período de práctica. Si eres terapeuta y empleas estos métodos con los pacientes, limita su uso a ellos. En lo que a *ti* concierne, solo preguntarás a tu yo superior durante este período de práctica.

No hagas preguntas predictivas tales como: «¿Cambiará el semáforo antes de que yo llegue?» o «¿Sonará el teléfono en los próximos minutos?». Este tipo de preguntas invitan a tu ego a llevar la cuenta del progreso. Si llevas la cuenta, te importa el resultado, con lo que se convierten en preguntas importantes.

HERRAMIENTAS A TU DISPOSICIÓN

1. Ayudantes invisibles, reino angélico, maestros ascendidos, dragones, serendipias, reino de los elementales.
2. Yo superior.
3. Limpieza de entidades.
4. Eliminación de bloqueos a través de la sanación de la matriz cuántica (*Quantum Matrix Healing* o QMH).
5. Liberación de emociones a través del trabajo de Bradley Nelson.*
6. Supresión de patrones a través de EF&H (*Emotional Freedom and Healing,* sanación y libertad emocional).**
7. Descarga de meditaciones gratuitas del sitio web de Maureen: MaureenStGermain.com.
8. Mezclas de aceites esenciales para sanar heridas emocionales.
9. Piedras e Intention Discs.
10. Trabajo con cristales, tales como el cuarzo faden y la covelina.
11. Meditaciones guiadas que se proporcionan.

Estas y otras herramientas que puedas conocer son parte importante de la automaestría. La humanidad ha atravesado un período muy difícil de la historia, y aún nos esperan muchas cosas.

---

* N. de la T.: El doctor Bradley Nelson ha desarrollado un método avanzado de medicina energética. Es especialista en quiropraxia holística y uno de los más reconocidos médicos en los campos de la medicina bioenergética y la psicología energética.

** N. de la T.: Se trata de una técnica, creada por Richard Ross, que circunvala la mente para liberar emociones muy arraigadas del cuerpo físico.

Es nuestro derecho de nacimiento y nuestra herencia que existan personas que sanan a otras personas. Muchos de vosotros habéis creado modalidades, herramientas y dispositivos de sanación para contribuir a la sanación de los humanos. Mi deseo para vosotros es que todo lo que hagáis, todo lo que encontréis y todo lo que creéis potencie nuestra presencia y nos lleve a la gran era dorada. ¡Os deseo a todos vosotros y a todos aquellos con los que tengáis contacto una vida en la que se manifieste el cielo en la Tierra!